U0799736

遇见孩子

九大能力培养秘诀

苏小玲/著

南方日报出版社
NANFANG DAILY PRESS
中国·广州

图书在版编目（CIP）数据

遇见孩子：九大能力培养秘诀 / 苏小玲著. — 广州：南方日报出版社, 2022.3（2023.7重印）
ISBN 978-7-5491-2492-3

Ⅰ.①遇… Ⅱ.①苏… Ⅲ.①家庭教育 Ⅳ.①G78

中国版本图书馆CIP数据核字(2021)第273021号

YUJIAN HAIZI　JIU DA NENGLI PEIYANG MIJUE
遇见孩子：九大能力培养秘诀

著　　者：苏小玲
出版发行：南方日报出版社
地　　址：广州市广州大道中 289 号
出 版 人：周山丹
策 划 人：柏沐芸
责任编辑：方　明　曹　星
特约编辑：曾巧英　苏金璇
责任技编：王　兰
责任校对：裴晓倩
插图绘制：苏小玲
整体设计：李　健
经　　销：全国新华书店
印　　刷：长沙鸿发印务实业有限公司
开　　本：675 mm × 960 mm　1/16
印　　张：14.5
字　　数：154 千字
版　　次：2022 年 3 月第 1 版
印　　次：2023 年 7 月第 3 次印刷
定　　价：52.00 元

投稿热线：（020）87360640　读者热线：（020）87363865
发现印装质量问题，影响阅读，请与承印厂联系调换。

推荐序一

很荣幸受到小玲老师的邀请为她的新书写序。我俩见面的时候经常谈到孩子的成长，每一次的谈话都会引发我的深思。小玲老师孩子的成长片段充满真实的画面感，而且蕴含教育大道。

这本书很真实，真实的不仅是讲孩子如何成才、如何进入世界名校，更真实的是，父母如果能按照小玲老师这样的培养方式培养孩子，孩子即使进不了世界名校，也注定会成为人生赢家。

这本书不仅是讲孩子的学习，更重要的是讲孩子的成长。学习不等于成长。让孩子在学习的同时养成优秀的品质和人格，这点特别重要。

这本书讲的不仅是生活案例，更重要的是把无形家风的秘密有形地表达了出来，而且揭示了先建文化再教化的家风内涵。

家风中的境教、身教、言教、在场教育、离场教育、三观教育、志向教育和爱的教育，这里面都有讲到，而且都是可以实操的。引用书中的一段话：在父亲的影响和培养下，我深深地爱上了阅读。我一直保持每天阅读的习惯，几十年如一日。我儿子小的时候，看到最多的场景应该就是爸爸妈妈各捧一本书在读。我们家陈设得最多的也是书，每一个房间都有书。

境教的威力就在此。人在美食街很难忍得住不吃点东西，人在书店里很难不拿起一本书来看一下。家中陈设得就像个书店，孩子怎能不拿起书本？身教的威力也在此，父母的有形行为无形地影响孩子。父母留给孩子的印记是父母看书的画面而不是玩手机的画面，对孩子内心的冲击力就是单纯、清晰而有力量的。这是一种潜意识的身份认同。孩子如果感受到父母的爱，潜意识里自然会对父母的所作所为有一份巨大的潜藏认同，而这份认同会成为孩子对自己的认同。父母是爱读书的，孩子自然认同自己是“读书”的人。这份精神财富的传承直接把孩子培养成财富。

小玲老师不仅关注孩子的知识，还关注孩子的见识。这非常科学，从脑神经科学里可以找到支持的理论。脑神经的高度活化，会让孩子的思维更加活跃。经过这么多年的家庭教育研究，我发现体验的丰富程度决定孩子的思维高度。书中“‘成才’之前先‘成人’”一节中，小玲老师分享了孩子的出行清单，孩子走了那么多的路，怎能没见识？

想让孩子成才，推荐关注两件事：读过的书和走过的路。

简单用一条操作公式表达就是：成才 = 知识 + 见识。

小玲老师在书中特别讲到孩子“成人”的教育。我们都特别关注孩子是否成才，但小玲老师特别关注孩子是否成人。成人的学问与成才的学问还是有些不一样的。成人学与成功学是两套完全不同的系统，书中都有真实的案例。如买景点门票，一般情况会是大人排队，孩子在旁边等候，而小玲老师会让孩子排队，大人在旁边等候，这是培养跟随者还是领导者的区别。

身旁的人会问：“小玲老师，你的孩子怎么就那么懂事呢？”圣人朱熹也有提到过“懂一书就懂一书，懂一事就懂一事”。孩子经历一些事，自然就懂得一些事。如果想让孩子懂得做事要有始有终而且要负责到底的道理，最好的方式不是讲给他听，而是让他去做到。比如其他孩子练习完书法就直接跑掉的时候，小玲老师让她的孩子留下来帮忙收拾干净，这样孩子自然就懂事了。

小玲老师的很多教育方式很让人敬佩。孩子这份做事的彻底负责，让孩子日后做任何事情都做得比一般人更彻底负责。这个品质用于学习，学习自然勤勉、深研；用于工作，工作自然被别人赏识；用于人生，注定是一个担当者与勇敢者。

这是一本值得深研的一本书，简单却蕴含教育大道。

林青贤（字：恒辰）

2022 年 2 月 6 日（虎年正月初六）早上于家中

推荐序二

我和苏小玲老师认识多年，彼此因家庭教育而结缘，早就盼望小玲老师能够出一本书，因为她有太多的教育智慧可以分享。今天小玲老师请我为其新书《遇见孩子：九大能力培养秘诀》写序，我拜读此书至深夜，感慨小玲这么多年的教育智慧在其儿子身上的运用，给孩子带来了幸福而绽放的一生。

人生难得遇见，作为家人，彼此间该如何相处呢？家人间本该和睦相处，有些父母和子女却处得如同仇人一般，父母虽为孩子的成长殚精竭虑，孩子却活得并不开心。究其原因，并不是彼此没有爱，而是父母因为缺少教育的智慧不会爱。而小玲老师这本书中所分享的九大能力培养，我相信在如何与孩子相处的问题上可以给父母们一些启发！

我觉得孩子人生的成长需要有三经：经典、经历和经师。

经典。中华文化源远流长，众多智慧都浓缩在优秀传统文化的经典之中，从《弟子规》到《论语》再到《道德经》，无不蕴含天地之规律和做人之根本。小玲老师长期从事家风研究，深知家风在一个家族中的重要性，我相信大家在阅读本书的时候可以从小玲老师引经据典的传统文化中找到教育的智慧。小玲老师在书中也倡导家长们与孩子一起阅读，多读经典，多学习优秀传统文化，我相信这可以让孩子一生受益。

经历。当代教育中，不少父母只重视孩子知识的获得，却忽视了培养孩子对这个世界的探索精神。读万卷书更要行万里路，经历会带来感受，感受会生发智慧，智慧能化解问题，如本书中所说：“只有见识广了，孩子的心才会变得更大。”小玲老师在书中提到，从她的儿子小学一年级至今，她带着孩子去了全中国几十个城市，和孩子一起游历祖国名川大山。这样的经历不仅让孩子打开了眼界，还增进了亲子关系，更重要的是让孩子的童年充满了美好，而不是只在书本和作业之中度过宝贵的童年时光。小玲老师的儿子进入世界顶级名校，我相信一定和他童年行万里路的这些经历有着必然的关系。所以请家长们多多带孩子们去往大自然，去往博物馆，去往大河山川。

经师。当一个人自身充满了能量并且活出了智慧，这个人便是经师。如果父母能够成为孩子的经师，便能影响、引导孩子一生，帮助孩子形成其人生观和价值观。《曾国藩家书》便体现了曾国藩这样一位经师对其整个家族的影响。在读小玲老师这本书之时，我感觉小玲老师便是她儿子的经师，她通过点点滴滴的教育来引导孩子发现自身的天赋，找到自己的理想，面对人生的挫折，化解生活的困境，活出绽放的生命。要知道，父母是孩子的引路人，如果父母都不知道路在何方，如何能引导孩子远行呢？本书中小玲老师的亲身经历，我相信会对父母如何教育孩子带来深刻的启发。

这本书我觉得不仅适合家长读，也适合家长和孩子一起读。亲子之间需要多一些平等的讨论，而不是父母对孩子的简单告知。相信家长和孩子共读此书的时候，一定可以在小玲老师讲述的一个个故事之中，开启自身的智慧。此生难得，彼此缘分难得，应好好珍惜。

祝福所有读者可以与家人心心相印，携手同行，一起看遍世界的风景并升华自己的内心。

朱晓平

2022 年 2 月 15 日（虎年元宵节）

自序

与孩子共同成长

这本书在我的心里已经酝酿多时。

自 2015 年 6 月儿子从美国加州大学洛杉矶分校获得“荣誉毕业生”称号毕业后，不时有人跟我讨论“如何培养一个优秀的孩子”这一类的话题。于是，我在孩子毕业两个月后写过一篇名为《孩子成长的路上父母能做什么？》的文章，这篇文章本来是发表在我当时工作单位的内刊里的，承蒙朋友们的厚爱，放在网络上大量转发。机缘巧合下，我的学生看到了我的这篇文章，很兴奋地给我打来电话，告诉我说：“苏老师，你的教育理念跟‘卓越父母’课程里林院长的理念太吻合了，你要来好好听听林院长的课。”

就这样，我在 2015 年的 9 月走进了爱自然生命力体系的父母专业课的课堂，听了林院长亲自讲授的专业课。然后在年底就成为体系里的一名亲子导师，开始了传播优秀的家庭教育理念的历程。这个过程并不轻松，2017 年 9 月之前我还在单位任职，而之前所从事的工作跟家庭教育是毫不相干的。我需要用大量的时间去学习，让自己用最短的时间成为一个家庭教育的专业人士。

进入爱自然生命力体系后，我用十个月的时间成为体系里的一名中级导师，然后用两年的时间成为体系主体课导师。几年的时间很快过去了，我在体系里如饥似渴地汲取养分，不断地成长自己。在成长的过程中，我也有了越来越多的见识和感悟。

在此期间，我的孩子也在用自己的方式不停歇地自我成长。直到有一天，我正在外地讲课，他给我发来信息：“妈咪，我决定了，到耶鲁去上研究生。”

那一刻，我知道，我的孩子已经开始追寻自己的人生目标，而我作为母亲，除了给予他祝福，也不应该落后。我想，是时候实现这些年来一直埋藏在心底里的愿望，把我这些年的感悟编写成书了。

我深信，在陪伴孩子成长的路上，曾经走过的每一步，对我来说都是不可替代的，也是非常有价值的，我更相信这些经历及经验对于有缘接触到此书的你，多少有可以借鉴的地方。

苏小玲

2021 年 12 月

目录

第一辑 父母你要知道四件事

第一章 你知道孩子教育的源头是什么吗？ /3

父母是孩子生命的源头 /4

家风是孩子成长的土壤 /9

家风如何影响我和儿子 /11

小玲贴士 /15

第二章 你知道孩子教育的“靶心”是什么吗？ /17

好成绩不等于好人生 /18

“成才”之前先“成人” /23

“小事”做好，“大事”不愁 /27

点点滴滴，引导践行 /29

小玲贴士 /33

第三章　你知道孩子学习的原动力是什么吗？　/35

梦想在心，动力不竭　/36

放眼世界，寻找梦想　/39

脚踏实地，检验梦想　/42

小玲贴士　/46

第四章　你知道孩子入学名校要靠什么吗？　/49

申请门槛要达到　/50

申请过程有妙招　/54

能力养成是根基　/57

小玲贴士　/59

第二辑 九大能力培养秘诀

第一章　你希望孩子广受欢迎吗？
——培养孩子爱的能力　/63

拥有爱的能力，才懂得爱自己　/64
拥有爱的能力，才懂得爱别人　/67
身教是最好的教育　/72
正确的引领会让爱的种子长大　/76
小玲贴士　/80

第二章　你希望孩子让你省心吗？
——培养孩子的责任心　/83

想省心，得先建立孩子的责任心　/84
规划人生，兴趣学业两不误　/87
小事开始，独立成长　/91
提高参与感，培养家族意识　/96
对人负责，对事负责　/99
小玲贴士　/103

第三章　你希望孩子学习“开挂”吗？
——培养孩子的阅读能力　/105

阅读让孩子拥有非凡的人生高度　/106
阅读让孩子收获优秀的缘分　/111

父母先做阅读的践行者　/114
让孩子对读书产生渴求　/116
营造书香环境　/119
小玲贴士　/121

第四章　你希望孩子永远进步吗？
——培养孩子的学习能力　/123

学习成绩不等于学习能力　/124
一时的学习成绩，一世的学习能力　/127
学习能力要从“小”中培养　/130
学习能力要在“大”中成长　/133
小玲贴士　/136

第五章　你希望孩子自主抉择吗？
——培养孩子的选择能力　/139

选择是解决人生取舍的关键思维　/140
给孩子选择的机会　/143
正确引导孩子情绪，植入积极信念　/147
避免轻率，为自己的选择负责　/150
全局思考，理性选择　/153
小玲贴士　/157

第六章　你希望孩子笑对逆境吗？
——培养孩子的逆商　/159

逆商决定人生高度　/160
逆商源于对父母的复刻　/163
放手让孩子去经历　/166
小玲贴士　/169

第七章　你希望孩子自立自强吗？
——培养孩子的自律能力　/171

自律的孩子有明确的生活目标　/172
自律的孩子懂得“慎独”　/174
自律养成离不开父母示范　/177
自律养成离不开信任与尊重　/179
小玲贴士　/182

第八章　你希望孩子前途无限吗？
——培养孩子的格局　/185

格局影响人生走向　/186
价值观与见识影响孩子格局　/190
三个法宝提升孩子格局　/193
小玲贴士　/197

第九章　你希望孩子受人尊重吗？
——培养孩子的榜样力　/199
在认可与被认可中成为榜样　/200
在认可中获取动力　/203
在被认可中获取信心　/208
小玲贴士　/213

第一辑 父母你要知道四件事

第一章 你知道孩子教育的源头是什么吗?
第二章 你知道孩子教育的"靶心"是什么吗?
第三章 你知道孩子学习的原动力是什么吗?
第四章 你知道孩子入学名校要靠什么吗?

第一章 你知道孩子教育的源头是什么吗？

《姓氏寻源》里有一句话："参天之木，必有其根；怀山之水，必有其源。"意思是：高耸云霄的树木，一定有它的根基；环绕山陵的河水，一定有它的源头。它的本意是每个人都不能忘了自己的祖先，也可引申为一切事物都可以追根溯源。

世间万事万物都是有源头的，人当然也不例外。

那么，对于孩子来说，他成长的源头是什么呢？这一源头对他的成长来说又意味着什么呢？

父母是孩子生命的源头

我小时候生活在位于山区的部队疗养院，上学的必经之路是一条土路，上面铺着一层沙子。每当有汽车开过，总会扬起灰尘，很容易迷眼睛。这时，走在路上的我们就会背过身去，用手捂住口鼻，等到灰尘小一点再继续往前走。

半路上有一个泉眼，泉眼不大，但是一年到头泉水从不间断。我们上学、放学走到这里时，都要过去喝上几口泉水，到现在我还记得那种清澈甘甜的感觉。泉眼的旁边有一条小水沟。泉水顺着水沟，一直流到附近的农田里，所以那些田里的庄稼也长得特别好。

但若遇上暴雨天气，水沟中流淌的泉水便不再是清澈的，而是像泥浆一样浑浊。这是因为暴雨冲刷路面的泥沙，汇成泥水，污染了泉眼。天气变好之后，得过上好些天，泉水才能慢慢恢复到它原本纯净清澈的样子。

荀子说：“源清则流清，源浊则流浊。”万事万物变化发展的方式都有其根源，而孩子的根源则在于父母。

孩子的生命源头是他的父母，这是毋庸置疑的，但这个“生命源头”的意义并不仅限于身体血脉。

我跟很多妈妈交流过，发现妈妈们对孩子的期待普遍有一个转变的过程——

当孩子还在娘胎里的时候，准妈妈们最大的心愿莫过于生一个健康的孩子。《颜氏家训》有言：“古者，圣王有胎教之法：怀子三月，出居别宫，目不邪视，耳不妄听，音声滋味，以礼节之。”准妈妈们在怀孕期间也是这样做的：不该看的东西不去看，不该听的东西不去听。在家里挂上一些漂亮可爱的宝宝的图片，听美好的音乐，吃一些有益于孩子身体发育的食物。

记得我怀孕期间，两伊战争（1980 年 9 月 22 日—1988 年 8 月 20 日）刚结束不久，电视里每天都有战争和难民的新闻，新闻画面常常令人不忍直视——

难民的孩子身处爬满了苍蝇的废墟中，由于物资短缺，他们一丝不挂，长期的营养不良令他们骨瘦如柴，大大的脑袋和大大的肚子格外突兀，眼睛也呆滞无神……

每当看到这样的画面，我心里就有说不出的难受感，要么赶紧换台，要么就把电视关掉，生怕这些画面以及因此引发的消极情绪会危害肚子里的宝宝。

妈妈在生下宝宝之后，第一时间不是看宝宝像爸爸还是像妈妈，也不是看宝宝好看不好看，而是赶紧看宝宝的五官和四肢是否健全。最后确认该有的都不少时，才会长出一口气，放下心来。

随着孩子一天天长大，妈妈对孩子的期待也一天天多了起来。

首先是对孩子的身体有期待，希望他能比同龄的孩子长得高，至少不能是最矮的。

孩子上幼儿园之后，希望孩子懂的知识、认识的字能比他的同学多一点。

上学之后，那希望和要求就更多了。希望他的学习成绩好，人品好，跟老师同学的关系好，最好还能有两到三项优于别人的特长。

…………

父母对孩子有这样那样的期望，实属人之常情。期望本身不是问题，问题是当孩子现实的状况达不到父母的要求时，父母应用什么态度面对这种情况。

在孩子身上发生这样那样的问题的时候，父母往往容易把“我是孩子的源头”这事儿给忘了。

父母作为孩子生命的源头，意义可不只是把孩子生下来那么简单。可以说，孩子来到人世间所有的呈现，都跟为人父母者有直接的关系。

父母就像泉眼，要想流淌出清澈甘甜的泉水，浇灌出健康茁壮的生命，就得保持自身和周围环境的纯净。若是自身被污染了，流出来的就只会是污水，不仅不能滋润万物，还会在流经的所有事物的身上留下斑斑污渍。

十年前，我接触到了大脑科学并持续学习了五年时间，对大脑的工作原理有了一些了解。

大脑皮层由许许多多的细胞组成，这些细胞被称为神经元细胞。神经元与神经元之间通过“突触”连接，通过电信号和化学信号传递信息，接收外界信息并将大脑的指令传达到身体各处。无论是动作行为，还是激素分泌，乃至精神活动，都通过神经元信号控制。

神经元的种类众多，其中有一种名为镜像神经元。当我们感知到周围某人做某些动作时，镜像神经元会被激活并传递相同的神经信息，使得人产生相应的神经兴奋。这就是我们看到别人哭自己就想哭、看到别人打哈欠自己就会想打哈欠的原因。镜像神经元是保证我们拥有理解能力、共情能力和学习认知能力的重要前提。

孩子为什么受父母的影响最大？了解了大脑神经元和镜像神经元的工作原理之后，就不难明白：因为父母是他来到人世间接触最早最多的人。换句话说，父母就是孩子成长过程中最主要的模仿对象。

家风是孩子成长的土壤

父母结合组成家庭，家是生命的起点，家文化则是精神文化的起点。

家文化指的是一个“家”的文化，它最重要的体现就是家风。家风或称之为门风，指的是一个家庭或家族的传统风尚，也是祖辈言行心性的沉淀，是一个家族的祖辈创造并传承下来的一种精神气质。

长辈有什么样的思想言行，就会形成什么样的家风。每一个人的成长，都离不开家风的影响。祖辈留下来的精神气质会影响家庭乃至家族里每一个人的价值观和为人处世的方式。

在中国历史上，很长一段时间内，人们都保持着大家族聚居的生活模式，亲戚关系、家庭结构复杂。直到近代，随着人们生活方式的改变，家庭的结构才发生了大的转变——结构简单的小家庭模式代替了曾经的大家族模式。

家庭的结构虽然发生了巨大改变，但家族或家庭里面最有影响力的那个人，他的价值观以及为人处世的方式仍会对整个家族或家庭产生巨大的影响，形成这个家庭或家族的家风。

在以三口或者四口之家为主导的家庭结构里，最有影响力的人通常就是家庭中的为人父母者。父母的价值观以及为人处世的方式会形成独有的家风，身在其中，孩子自然也就会被这样的家风潜移默化地影响。

人是环境的产物。对于孩子来说，他最初接触的环境就是父母组成的家，也就是说，父母一定是对孩子影响最大的人。孩子对环境的吸收是全方位的。父母是孩子的第一模仿和学习的对象，孩子会吸收父母说话的方式，吸收父母为人处世的方法，还会吸收父母的价值观以及父母的情绪。

父母的状态以及父母的教养方式直接影响孩子将来会成长为一个什么样的人。秧苗茁壮成长，需要良田沃土的滋养；孩子茁壮成长，需要父母树立一个好榜样，让自身成为孩子生命的良田、沃土，给孩子以生命的滋养。

家风如何影响我和儿子

我对家风的理解，来自我的原生家庭。

我的爷爷奶奶爸爸妈妈都是非常善良、朴实、勤劳、有爱的人，我很庆幸生长在这样的家庭里。

从长辈的身上，我学会了待人接物和立身处世的方法。

妈妈的坚韧不拔、自强不息一直深深地影响着我。在我小的时候，爸爸妈妈因工作原因两地分居，妈妈带着我和我的弟弟妹妹在部队大院里工作和生活。妈妈每天下班之后，要带着我们到自家的菜地里种菜，周末还要上山捡柴。在我的印象中，妈妈很少有休息的时候，总是不停地忙碌着，但是她从来不抱怨。妈妈经常对我们说，爸爸不在身边，我们更要懂事，更要好好读书，能吃苦中苦，将来方能成为有所作为的人。

爸爸淳朴乐观、善良孝顺的品格也一直深深地影响着我。爸爸是一名大孝子，爷爷奶奶还在世的时候，爸爸总是把最好的东西留给他们。虽然爸爸也很爱我们，但是春节的时候因为交通不方便，我们不能经常回老家，爸爸只能放弃跟我们的团聚而选择回老家陪伴爷爷奶奶。爸爸常常对我们说，爷爷奶奶年纪大了，而我们还小，以后陪伴我们的机会还有很多，所以他要在爷爷奶奶还健在的时候多去陪伴他们。

如今虽然我们兄弟姐妹几个都早已各自成家立业，但是我们依旧是一个非常和谐幸福的大家庭。我们都孝顺父母、努力工作、用心经营家庭。爸爸妈妈常常跟他们的朋友说，他们最欣慰的事，就是几个儿女一直都相亲相爱，孙辈们也都懂事孝顺。这就是家风对我们的影响。

如今，这样的家风也延续到了我自己组建的家庭中。在这样的家庭环境影响下，我的家庭拥有了善良孝顺、勤勉上进、和谐有爱的家风，我的儿子一天天成长为一个有孝心、有梦想、有格局、有责任感的人，而这些品质就是他日后能够一步步实现他梦想的基础。

2019年春节儿子回家过年，我们一起去看望他爷爷奶奶的时候，奶奶除了给他做满满一大桌他喜欢吃的饭菜，还总是抢着给他盛饭。看到这个情景，我就说："孩子，应该你给奶奶盛饭才对啊。"当时儿子没有说什么。

我们从奶奶家出来的时候，儿子对我说：“妈妈，您刚才也看到了，奶奶自己都不好好吃饭，一直不停地让我吃各种菜，还总是盯着我的饭碗等着给我添饭。在这种情形下，如果我不让她帮我，她会很失望的。盛饭这件事已经不是我的需要，而是奶奶的需要。我觉得我不能让她扫兴啊。”听了儿子这番话，我心里很感慨，儿子能如此敏锐地感知他人的感受。我很为他高兴，不仅因为他的孝顺，更因为我见到了家风的传承。

我家的家文化里面另一个部分是爱读书。

我的父亲是一个特别爱学习、求知欲和好奇心特别旺盛的人。他如今已经是 82 岁高龄了，仍然每天都看书、看报或在微信里学习。疫情管控期间，我担心爱运动的父亲忍受不了每天在家不能外出，结果他说：“不用替我担心，每天在家看书，时间过得也很充实。”他还特别喜欢研究各种电器。如果我们兄弟姐妹中谁家小电器坏了，他一定会想办法修好。遇到搞不定的，他就上网去找资料、找配件，有时甚至到了顾不上吃饭的程度。

父亲在我和弟妹很小的时候，就很注重培养我们读书的习惯。每次父亲出差，我们都数着他回家的日子，因为他一定会给我们带好吃的和我们最喜欢的连环画或书。到如今我依旧清楚地记得我读的第一本小说是我小学二年级时父亲带回来给我的《小铁头夺马记》，里面的故事情节我现在都记忆犹新。还有许多抗日小英雄的故事书，我都爱不释手。现在想来，那些图书是我课外阅读的启蒙读物。

在父亲的影响和培养下，我深深地爱上了阅读。我一直保持每天阅读的习惯，几十年如一日。我的儿子小的时候，看到最多的场景应该就是爸爸妈妈各捧一本书在读。我们家陈设得最多的也是书，每一个房间都有书。

儿子在这样的氛围中长大，觉得读书是理所应当的事。因为从小爱上读书，所以后来他的学习也简单轻松了许多。爱读书不光让儿子收获好成绩，还让他在书里明白了许多做人做事的道理，找到了人生的方向。爱读书这个好习惯对他的一生有着非常重要的影响。

每个家族都有独特的家文化，我家的家文化深深地影响了我和我的孩子。

小玲贴士

家文化是一个人成长的精神土壤，孩子自小会受到家文化的熏陶。种下孝文化得到有敬畏心的孩子，种下书香文化得到富有思想的孩子。

第二章

你知道孩子教育的『靶心』是什么吗？

中国父母是最舍得在孩子身上投资的，因为中国的父母相信“教育改变命运”。2016年，汇丰发布的全球调查报告《教育的价值：未来的基础》显示，中国内地父母对子女教育经费的重视程度名列全球第一。

然而，父母为孩子投资了那么多，却不一定能换来想要的结果，有时甚至适得其反。是哪里出了问题呢？

其实方向不对，越努力反而离目标越远。只有认清教育孩子最重要的是什么，找准教育孩子的“靶心”所在，才能让教育的投入与产出成正比，才能在教育孩子这条路上少付代价，不走弯路。

好成绩不等于好人生

成才教育理念在中国父母心中根深蒂固。在一些父母眼中，孩子在高考中取得好成绩，考上好大学，就是他们教育的最终目标，仿佛孩子从此就一生无忧了。因此，他们往往把孩子的成绩放在首要的位置——在孩子高考之前的教育阶段，生活中所有的人、所有的事情，都要给孩子的学习让路，除了学习成绩，孩子的其他方面也都变得不再重要。

不知道是否还有人记得当年的天才少年魏永康的经历。

> 1983 年 6 月，魏永康出生于湖南省华容县的一个普通家庭。父亲是一名参加过抗美援朝的伤残军人，因打仗负伤一直瘫痪在床。母亲是县百货公司的一名工人。自小天资过人的魏永康，成

了这个家庭的全部希望。

1985年，还只有2岁的魏永康，就认识了1000多个汉字。4岁时，他基本学完了初中阶段的课程，后来连小学也只读了二年级和六年级。1991年10月，仅8岁的魏永康连跳几级进入县属重点中学读书。13岁时，魏永康以高分考入湘潭大学物理系。2000年，17岁的魏永康大学毕业后考入了中科院高能物理研究所硕博连读研究生。

魏永康的母亲曾学梅认为，孩子只有专心读书，将来才会有出息。于是，曾学梅将家中所有的家务活都包下了，包括给儿子洗衣服、端饭、洗脸、洗澡。为了让儿子在吃饭的时候也不耽误看书，魏永康读高中的时候，曾学梅还亲自给他喂饭。后来读湘潭大学时，曾学梅也一直跟在儿子的身边“陪读”，照顾儿子的饮食起居。

来到北京读书后，魏永康认为自己已经长大了，便执意不要母亲“陪读”，孤身一人北上求学。

身边突然没了母亲的照料，魏永康感到很不适应，竟无法安排自己的学习和生活。有一年冬天，他竟然穿着单衣、趿着拖鞋去天安门逛了一圈，周围的游客像看怪物一样使劲盯着他看。由于长期生活不能自理，并且知识结构不适应中科院高能物理研究所的研究模式，

2003 年 8 月，已经读了三年研究生的魏永康，被中科院劝退回家。

这个案例给人的触动是巨大的，但它绝不是个例，类似这样因为没有做好“成人”教育，让孩子的人生乃至整个家庭都付出巨大代价的例子，屡见不鲜。

2015 年，北大高材生吴谢宇弑母案震惊全国。

根据公诉机关指控：2015 年上半年，被告人吴谢宇产生杀害母亲谢天琴（被害人，殁年 48 岁）之念，网购刀具等作案工具后，于 7 月 10 日在家中将谢天琴杀害。作案后，吴谢宇谎称谢天琴陪同其出国交流学习，骗取亲友钱款共计 144 万元予以挥霍。为逃避抓捕，吴谢宇先后向他人购买 10 余张身份证件。2019 年 4 月，吴谢宇被抓获归案。

时间回到 2012 年，福州一中共有四人被北大提前录取，吴谢宇是其中之一，进入北京大学经济学院。

进入北大后，吴谢宇学习成绩依然突出。北京大学经济学院官网显示，大一学年，吴谢宇获得了北京大学“三好学生”荣誉称号；大二学年，吴谢宇获得了北京大学“廖凯原奖学金”；此外他还担任过班长。不仅在校内因成绩优异获得奖学金，就连前往校外英语培训机构学习 GRE（留学研究生入学考试），吴谢宇也拿下了奖学金。

一个曾经如此优秀的孩子，为什么最后成了一个杀人犯，杀害的还是与自己相依为命的母亲，而且手段之残忍令人咋舌？

在家庭教育的层面，心理学家武志红在分析吴谢宇弑母一案时指出，吴谢宇曾经是母亲最大的骄傲，他也是一个对母亲非常孝顺的孩子，在大学期间，他每天都要给母亲打电话，事无巨细都要向母亲汇报。后来他交往了一个在国外读书的女朋友，他也是每天于国外时间早上 8 点，准时给对方发信息问候，事无巨细都要向对方汇报。这是他多年来在与母亲相处过程中形成的习惯，他习惯于把自己的心灵完全交由对方去控制，也习惯了被控制。多年来他与母亲构成了一种“病态共生”的关系，在这种关系中严重者会导致“共生绞杀”。吴谢宇曾经挣扎过，也曾经想要通过到国外留学来摆脱母亲对他的掌控，可当他听到母亲说要跟他一起去国外陪伴照顾他的时候，他彻底绝望了。

在孩子成长的过程中，需要学习的，一定不仅仅是孩子。如果母亲不是一个有健康独立人格的人，不了解孩子成长的过程是一个慢慢完成与母亲分离的过程，就容易把活着的意义全部都放在孩子身上。当孩子承受不了这种重负的时候，悲剧就会发生。

以上两位都是无可否认的高材生，可顶尖的学习成绩并不能掩盖他们的缺陷。这一桩桩事件的发生，提醒我们应该反思过往教育中的缺失。

在现实生活中，有很多家长有着孩子成绩好胜过一切的思想，从而忽略了对孩子道德品格的培养，总是有意无意地给孩子这样的暗示——只要分数高，其他一切都无所谓。但其实在社会生活中，一个受到他人尊重和喜爱的人未必学识有多么渊博，一个学识渊博的人也未必能获得他人的尊重和喜爱。好成绩不等于好人生。

『成才』之前先『成人』

“成人”教育指的是关于一个人的品格和世界观、人生观、价值观的教育，它是“成才”教育的基础。事实上，分数并不是影响孩子人生最重要的因素，优良的品德和健全的人格才是孩子人生发展的基础。

在社会生活中，一个受到他人尊重和喜爱的人未必有多么渊博的学识，但他一定具有优良的品德。无论是渊博的学识还是强大的能力，都无法保证给世界带来美好，但优良的品德可以。

或许你曾经听过这样一句话：品格教育是人生教育的基石。所谓基石，就是决定一栋建筑的根基是不是够稳健、够牢靠的根本。如果基石不稳，建筑越高危险就会越大。一个学习好的人能造福社会的前提是要有好的品格和正确的价值观，否则成绩越好、学问越高，对社会的危害性反而会越大。

可以说，在孩子的教育上，德育是必修课而不是选修课。在教育的天平上，我们应该多一些对做人的重视，少一点对成绩的要求。

父母不把分数放在第一位，而是把孩子做人做事的教育（也就是“成人”教育）放在第一位，在孩子成长的道路上，给予他足够的关爱和为人处世的指引。在这样的家庭教育下，孩子才会更追求做个好人、做个幸福的人，才能以此为基点，为自己提供向上的动力、成才的可能，才更能为家庭、为他人、为社会作出积极的贡献。

孩子的“成人”教育，尤其是品格教育和价值观的教育，需要从孩子年幼的时候开始。越早开始，越能事半功倍。

我的儿子从三岁半开始练习书法。在当时一起练习书法的孩子中，他算是年龄比较小的。

当初之所以练习书法，是因为我一个朋友的孩子在跟老师学习写字画画。有一天，我和儿子到朋友的家中，儿子看到小哥哥的字写得那么好，也想去学。

我跟儿子先沟通：“如果学了，就要坚持学下来，不能半途而废。能不能做到？”儿子答应了。之后，我就开始陪伴儿子练习书法。

刚开始，单位的一些同事和朋友都跟我说：“怎么不让孩子学点别的？练书法很枯燥的，孩子肯定坚持不了几天。”他们有的是出于好意的劝说，有的可能还想看我几天后打道回府以证明他们说的是对的。

一个三岁半的孩子，虽然当初答应了要一直学下去，但作为父母的我们，千万别以为这就妥了。

果不其然，在学习的过程当中，儿子发现这并不是一件好玩的事，不但枯燥，每天站着写字还挺累的。对他影响更大的是，周围的很多小伙伴都因坚持不下去而放弃了。儿子也想要放弃，他说：“妈妈，练书法好累啊，我可以不去了吗？”

这种时候，考验的不仅是孩子，也是父母。

儿子那几年练书法确实很辛苦，那一刻，看着孩子稚嫩的脸蛋，我十分心疼。但同时我又很纠结，因为儿子的书法已经有了很大的进步，半途而废实在可惜。更重要的是，起了这个头，他以后做任何事情，都会习惯半途而废，而这样是不可能有出色的成就的。

想清楚这一点，我缓和了一下情绪，然后耐心地跟儿子做思想工作：“当初妈妈有跟你提前沟通过，练习书法会很累，如果选择这条路就要坚持下去，你还记得吗？做人要有诚信，不能出尔反尔，更重要的是，做事不能半途而废。放弃只要一秒钟，坚持做一件事却很有意义。妈妈希望你是个有诚信、有担当、有责任心的男子汉。”听完我的话，儿子有些似懂非懂，但仍然坚定地点点头。

后来，整个小学期间，风里雨里，我陪伴着孩子，从来没有缺席一堂课。在学习书法这条路上，一走就是12年。

虽然今天儿子并没有在书法界发展，可我一直认为，这十多年练习书法的过程，对儿子具有非常重要的意义。

在十多年的书法学习期间，儿子参加全国性的各种比赛获奖无数，这对提升他的自信起了非常关键的作用。

在这个过程中，他还练就了做事冷静、稳重、有韧劲的能力，从不轻易被其他人干扰，即便旁边在开演唱会，他都能很从容地把自己该做的事做完。他收获了坚持做好一件事带给他的成就感。

『小事』做好，『大事』不愁

跟大家分享一件我陪儿子上书法课时的小插曲。

孩子们在课堂上练一个多小时的书法，一般都会比较累，所以下课的时间一到，绝大多数的孩子都会撒腿就跑，到教室外面玩，笔墨和书包通常都由陪同的大人来收拾。

我和我的儿子例外。

我会让儿子把他自己用过的纸张收好放到垃圾桶，再把老师布置的要回家练的字收起来，把笔洗净用笔帘卷好，放进书包里，然后再帮老师把桌椅摆好，最后他背上自己的书包，我们一起回家。

有一次，儿子正在帮老师摆桌椅，一个家长

走过来很感慨地说：“你的孩子为什么会比其他同龄的孩子懂事那么多呢？你真是好福气啊。”

当时我很想告诉那位家长，每个孩子都可以做到这样，只是看我们做父母的是不是看重这些“小事”，是不是舍得放手让孩子去做这样的“小事”。

如果我们觉得学习成绩之外的都是小事，我们自然就会忽略这些所谓的“小事”对孩子一生的影响。然而，教育无大事，处处是细节，一个人的品格往往就是通过无数这样的小事塑成的。

在陪伴儿子成长的过程中，我始终没有把儿子的成绩看作是最重要的，然而，工夫在诗外，我在儿子的综合能力及品格上所做的努力，反倒让儿子在学习上一直都很轻松。

点点滴滴，引导践行

一个孩子拥有什么样的品格，往往跟孩子的成长环境有直接的关系。在家庭教育当中，父母点滴的影响，会使孩子形成不一样的人格和品德。

我们知道，孩子的成长离不开家庭、学校和社会这三大环境。但孩子在接触学校和社会之前，首先是在家庭的环境当中生活，这个环境就起到了关键的作用——父母的语言模式、思维模式以及三观，都会在耳濡目染中被孩子直接习得从而使孩子形成自己的价值观和行为模式。

孩子的品格不是一朝一夕养成的，父母是否把品格教育看成孩子人生中最重要的教育，是在生活的点点滴滴践行中体现出来的。

从儿子 3 岁左右起，如果我带他去公园，一些需要购票的项目，我就会让儿子自己去排队买票，我自己则在不远处看着他。有一次，我们在儿童公园，儿子想玩碰碰车，于是他就自己去排队买票。儿子正在一群大人中间排着队，一些站在他后面的家长就在议论“怎么让这么小的孩子排队？”他们还很热心地让售票窗口前的成人帮孩子买一下票。我走过去让孩子谢谢叔叔阿姨，但还是让孩子继续排队买票。因为我知道排队的过程不会太累，也不会有危险，只是需要儿子有一些耐心。我希望儿子在这个过程中能学会如何守规矩、守秩序，因为儿子长大的过程中，不会总有人给他提供方便，而他学会守规矩，就会为自己带来最大的方便。

不知不觉儿子长大了。他小学五年级的时候，有一次我和他一起出去办事。路上一个行人都没有，也没有车辆，但是人行横道的红灯是亮着的。因为赶时间，我就想走过去。这时，儿子一把拉住我说：“妈妈，我们不可以这么做，人行横道的红灯就是给行人看的，不是给车辆看的，有没有车我们都要等到绿灯再走过去。”那一刻，我觉得特别惭愧。从那一次之后，我再也没有犯过同样的错。因为每一次遇到同样的场景，儿子的话就会出现在我的耳边。在育儿这条道路上，我其实也在育己。

儿子升初中的那年暑假，我们一起去庐山旅游。在儿子小的时候，我们基本上都是跟团游学，儿子长大了，我就让儿子上网做攻略，自己制定旅游线路，到了某一个城市之后再从当地拼团。那两天跟我们一起拼团游庐山的，基本是爷爷奶奶带着孙辈出来玩的，那些孩子都在小学低年级阶段。那时候的旅游团提供的餐饮很简单，饭是管够的，但菜就那么几个。所以每次吃饭的时候，都会出现争先恐后的场面。我和儿子则是等大家盛得差不多了才去装饭菜，我跟儿子讲:“爷爷奶奶和小朋友们，老的老，小的小，我们要尊老爱幼，让他们在先。我们慢一点没关系，饭是管够的，我们饿不着的。”到第二天的中午，坐在我们旁边的一个奶奶发现了这个情况，于是就站起来对大家说：“大家看到这母子俩这两天怎么吃饭了吗？我觉得特别惭愧，看看人家是怎么教育孩子的——这孩子一路上总是帮着大家，每次上车都是最后一个，吃饭也是最后一个，我们不应该这么抢，大家出来旅游就应该互相帮助，从现在开始，我们大家分着吃好不好？”没想到所有的老人孩子都说好，大家还鼓起掌来。从那以后，在接下来的旅途当中，整个团的人就像一家人一样互相帮助。

这一次的旅途，给我和孩子都留下了非常深刻的印象。我知道，偶尔谦让一次不难，而当孩子把礼让与谦和形成一种习惯之后，就会成为他身上的一种气质，我想这就是君子气度。

聚沙成塔，经过生活中点滴的熏陶，好的品格会逐渐融入孩子的血脉，成为孩子身体的一部分，最终会助孩子成就美好人生。

小玲贴士

好成绩并不等于好人生。好品格才是好人生的必要前提。父母在孩子成长过程中要善于引导，重点去培养孩子的品格，让孩子打好“成人”这一基础，再去更广阔的天地里“成事”和“成才”。

第二章 你知道孩子学习的原动力是什么吗？

从事家庭教育的这些年，在我的课堂上，我总是会做这样一个调查：请总是陪着孩子写作业的家长举手。

问到举手和不举手的原因时，家长们的回答五花八门。

不举手的家长会说："老师，我想陪，孩子不让。""老师，我陪着也没有用，孩子的作业我也搞不懂。"

举手的家长会说："陪在孩子身边会让孩子感觉到父母的关心。""陪在边上孩子能更专心写作业。""不盯着孩子写作业，自己心不安。"最多的回答是这一种："老师，我不陪着，孩子就不做作业，我不陪不行啊。"

回答问题的家长，不管是举手的还是不举手的，总是一脸的无奈。从这些回答中可以看出，家长们陪孩子做作业的意愿非常强烈。

对此，我想说的是，如果在做作业这件事上，孩子必须有家长在旁边盯着才会去完成，那他在学习上是难以有成效的，因为这样状态的孩子在学习上是缺少原动力的。

梦想在心，动力不竭

原动力是什么呢？原动力是动力的来源或起始力。当一个人所做的事情与他内心深处的渴望紧密相关的时候，那么做这件事他就是自动自发的，是发自内心喜悦的。

孩子在学习上如果缺乏了原动力，就像一部汽车没有装发动机一样，是没有办法主动往前走的。那么就会出现这样的场景：父母在后面拼命往前推，老师在前面使劲拽，而在中间的孩子也苦不堪言，因为学习对他来说，毫无乐趣可言。

所以，从小就帮孩子装上学习的发动机，孩子的学习就不再需要父母去操心，父母也不再需要帮孩子寻求各种学习方法，孩子自己就能找到各种各样的方法。更重要的是，他能够在学习的过程中，找到无穷的乐趣。

梦想就是孩子学习最主要的原动力之一。

父母一定要早早看到这样一个真相：没有人愿意为别人而努力，每个人都只会为自己做最好的选择。

我的儿子初一开始住校，初三毕业放假的那天，他中午回到家，下午便到书城买回来一本厚厚的《托福词典》。当时我就问他："儿子，你学托福，是想以后出国读书吗？"他回答我说："我是一个消费者，我无法决定我什么时候可以出国读书，也不知道将来有没有机会出国学习，但是我会把该准备的都准备好。"

从那一天开始，儿子就给自己定了一个严苛的学习计划：整个暑假期间每天背100个单词，第二天复习一遍，并要求自己把头一天学过的单词全部记下来。等到假期结束，开学之后，因为学习的任务比较重，他就把每天100个单词改为每天50个，到了周末再调回100个。这个计划雷打不动，一直坚持到他高二参加托福考试。结果120分满分的托福，他考了108分，一次就通过了。

每一份的成果都承载着儿子的努力。那些日子，儿子无论是等车、坐车，还是在学校食堂排队打饭，都会随时从口袋里将记着密密麻麻单词的本子拿出来看。他曾经用过的几十个"口袋笔记本"现在还被我收藏着。

那个假期，我的一个朋友带着与我儿子同龄的孩子来我家玩了一段时间。白天两个孩子一起去玩，但是到了晚上我儿子就会加班加点读书、写作业，睡前定好早晨闹钟，在客人还没起床之前自己就起来到客厅的阳台外面读英语、背单词。所以整个假期他的学习计划并没有因为陪客人到处去玩而耽误，反而增长了很多见识。

我的儿子能做到这样努力，除了坚韧的品质外，更重要的是梦想提供的动力，是梦想促使他想方设法地克服重重困难。

我在当妈妈之前就读了大量的育儿书，所以了解孩子不同年龄段的内在需求，在儿子很小的时候就注重给他培育梦想。因此，儿子在整个求学的过程中都是自发地学习，我只需要在关键时候给予他一些方向性引领，比很多妈妈都轻松。

所以，父母在孩子还小的时候，就要去激发孩子的梦想，激发了梦想，就像给他安装了一个发动机一样。孩子一旦树立了自己的梦想，他所有的努力都是自发的、有方向性的，这样他在学习上才会事半功倍。

放眼世界，寻找梦想

孩子的梦想不是假想出来的，而是他自己寻找出来的。为了让孩子顺利找到梦想，父母一定要给孩子看世界的机会。

儿子小的时候我会给他两个看电视的时间段。

一个时间段是他从幼儿园刚回到家自己看《大风车》的时间。《大风车》是中央电视台的一个少儿节目。这个节目里不光有很多儿子喜欢的故事，也有很多寓教于乐的知识。这是儿子第二天回到幼儿园跟小朋友们交流的重要内容。

另一个时间段是和大人一起看新闻的时间。看新闻是我有意的安排。新闻对孩子了解世界、拓宽知识面有非常大的帮助。儿子上幼儿园的时候是香港回归（1997 年 7 月 1 日）前后的时间，新闻里经常出现香港的新闻。儿子看了新闻就会问许多关于香港的问题：为什么要回归？香港特首是干什么的？……有一段时间，儿子对驻港部队及香港特首很有兴趣，经常问一些这方面的问题。其实，孩子所有的提问都是父母非常好的教育机会。当儿子说他长大也想当香港特首的时候，我不仅给予了他很大的鼓励，也适当地进行了引导。比如，当看到香港特首用英语应答记者提问的时候，我就及时地告诉他："瞧，特首的英语也说得很棒呢。"

儿子上小学的时候，阿富汗战争（2001 年 10 月 7 日—2021 年 8 月 30 日）和伊拉克战争（2003 年 3 月 20 日—2011 年 12 月 18 日）爆发了。当时的联合国安理会秘书长安南频频在新闻中出现，他为了世界的和平到处奔波。慢慢地，儿子对安南产生了崇拜，他说："这个人真了不起，他不怕死，为了和平到处奔波。如果可以像他一样，那就真的很了不起。"所以儿子小学阶段的梦想是做联合国安理会秘书长。

儿子最后能不能成为香港特首或是联合国安理会秘书长其实并不重要，重要的是儿子因为有了梦想生发出了旺盛的求知欲以及探索和前行的力量。这种积极向上的生命力状态才是最为重要的。有了梦想就有了目标，有了目标就有了方向，有了方向也就有了奋斗的动力。儿子今天取得的一系列成绩和这份动力有着密不可分的关系。而带来这种动力的梦想，就来源于那一条条新闻、一场场动画、一次次对世界的探索和发现。

无论孩子的梦想是什么，父母只需要给他加油助力就好，重要的是，不要忘了给他探索世界的机会。

脚踏实地，检验梦想

只有见识广了，孩子的心才会变得更“大”，当他知道了天外还有天，他梦想的翅膀就能带他飞得更高。但同时，父母一定要让孩子的梦想跟他看到的世界联系起来，不要让梦想变成空想。让孩子读万卷书的同时，也要给孩子走万里路的机会，因为这不仅是孩子拓宽视野、植入理想的种子很重要的过程，也是让孩子梦想实现的开始。

在 20 多年前，我已经有了游学的理念。我会在儿子每个学期结束的时候，跟他一起制定旅游的线路，尽可能多地去到他这个学期课本上出现的地方，让儿子把他在书本上学习到的跟现实的场景做一个融合，游学时每天写游学日记。这些都是儿子成长中非常重要的养分。

从儿子小学一年级开始到他小学毕业那几年，我们去过上海、杭州、南京、苏州、绍兴、昆明、丽江、大理、桂林、阳朔、青岛、崂山、威海、烟台、大连、西安、南昌、庐山、黄山、泰山、华山、云台山、龙门石窟、少林寺、长沙、海南岛及韩国。

所去过的每一个地方，我们都留下了许许多多美好的回忆。

还记得在绍兴旅游的时候，我们去到了三味书屋，看到了鲁迅小时候上课的课桌以及刻在课桌上的那个“早”字。当儿子从导游那里听到鲁迅从小努力读书的故事后，慢慢地，他的心里也刻下了这个“早”字。不知从什么时候开始，早上他起得比我还早，起来收好东西就自己早读，直到我叫他吃早餐然后去上学。

还记得第一次在海南三亚潜水时，我们一起背上氧气瓶，跟随教练到深海区，既兴奋又有点儿紧张。当看到五彩缤纷的海底世界时，我们都开心不已，当美丽的珊瑚和各种不同颜色的小鱼就在脚边时，有种来到了童话世界的感觉，如果不是教练拉着，我们都不愿意离开。从海南回来很久之后，儿子都还沉浸在那种喜悦中，不管见到亲人、朋友还是同学，都要跟别人分享潜水的快乐。从那以后，儿子就爱上了游泳，并学会了游泳。

还记得在云南的石林游玩时，儿子和他的几个同学在石林里玩起了捉迷藏，因为石林的石头多且有特色，躲起来是很难找到的，所以直到游玩的时间结束，我们要离开了，儿子还躲着没有出来，导致整个旅游团的人都去找他了。从那以后，儿子学会了如何在尽情玩耍的过程中也要保持理性，保护好自己。

更加记忆深刻的是，得知我们要到少林寺去玩，儿子特意在网上看了两遍电影《少林寺》。从少林寺回来后，儿子就开始了舞枪弄棒，周末报名武术班，去到哪里都不忘背着那根长棍子。对武术的喜欢被点燃之后，后来到了美国读书，他还利用休息的时间学习咏春（听说他的老师曾经跟叶问的徒弟学习过），每周两堂课，一直没有间断。

…………

出差到外地讲课的时候，我会发信息告诉儿子我在某某地方，如果这个地方是我们一起旅游过的，他马上就会说起我们当初在当地旅游的趣事。

那些我们一起走过的地方、一起走过的岁月，在我和儿子的心里都留下了不可磨灭的、最为美好的印记。这些记忆总是在我们需要的时候给我们注入满满的能量，然后我们就带着这些能量去经历我们各自的人生。

等到儿子上初中之后，他就跟同学一起去了北京、香港。

高中他就跟随学校去美国游学。

…………

正是我的游学意识让儿子有机会在读书的同时还能去见识和体验，在旅游的过程中增长他的知识、拓宽他的思维。

一个见过世界的人，世界就会在他的心里。在旅途中，看见了名山大川，孩子的眼光和心胸都会变得更加开阔，走过了名家伟人的故居，孩子就学习到了如何做一个优秀的、对社会有价值的人。

读书和旅游的过程是让孩子丰富体验的过程。孩子心里装着多大的世界，他未来的人生目标就会有多大。梦想不是一朝一夕形成的，他在看世界的过程中慢慢就会形成他的世界观。经常观世界的人拥有的梦想和世界观，与那些只看到眼前的人是完全不一样的。在有条件的情况下，父母通过让孩子游学点亮孩子梦想，比总是让孩子参加各种补习要更有价值。因为，教育的本质不是把篮子装满，而是把心灯点亮。

小玲贴士

梦想是孩子学习最主要的原动力。在孩子小的时候，父母就要帮助孩子拓宽视野，激发梦想。同时，父母要尊重孩子的梦想，为孩子的梦想加油助力。

第四章 你知道孩子入学名校要靠什么吗？

我的儿子在 2020 年被包括耶鲁在内的三所美国常春藤院校录取为研究生，8 月开启了在耶鲁商学院的学习生涯。

平日里，总有很多朋友会问我究竟用了什么方法把孩子培养得这么优秀，也有一些家长对如何才能被耶鲁大学商学院录取产生很大的兴趣。那么这一章我就专门来分享被耶鲁大学录取需要具备哪些条件。

申请门槛要达到

儿子申请的是耶鲁商学院工商管理硕士（MBA），以下九点为硬性申请条件。

1. 本科成绩单

本科平均达标分数为 GPA3.7（满分 4.0）。

2. 两封推荐信

尽可能由工作领导提供（无工作经验的，可接受本科老师推荐）。耶鲁商学院接受中文推荐信。

推荐信是非常重要的一步，也可以说是能否被录取的关键。如果孩子已经工作了，那么推荐信尽可能让他的上司来写；如果还没有工作经验，那就要选择他的本科老师了。

推荐信的关键是推荐人要了解你的为人、工作习惯、品格、思维能力以及跟他人合作的能力等等。然后他会把这些信息用他习惯的表达方式呈现出来。这对孩子平常跟人相处的能力是有要求的，如果孩子平时只蒙头读书或者做事，不懂得与人交往，他可能没有办法找到一个合适的人为他写推荐信。因为对方需要对他有足够的了解，才能写出真实并且能触动人的推荐信。

帮我儿子写推荐信的有两个人，一个是他公司的老板，一个是和他一起做义工的志愿者，写得都很深入。因为儿子平常跟人相处融洽，到哪里工作都很容易融入环境，并能得到同伴的喜欢。在推荐信中，他的老板说，他进公司之后，短时间内得到多次提拔，工作能力强，吃苦能力强，与人沟通的能力强，被公司安排与最大的客户对接工作；那位志愿者说，他在做志愿者服务的时候尽心尽力，在一个位置上一干就是五年，帮助许多贫困学生考上了大学，获得了美国前总统布什总统和特朗普总统亲自签署的社区服务贡献奖。这两封推荐信为儿子的申请加了很多分。

3. 研究生入学考试成绩

GMAT（研究生管理科学入学考试）或 GRE 均有效。平均达标分为 730（GMAT）和 166（GRE），大约为全球考生中前 3%—5%。

4. 工作经历

对工作经历没有最低要求，平均本科毕业后工作年份为 4—5 年。

5. 作文一

2020 年的题目是“什么是你一生中做过的最大承诺”，500 字上限。没有限制答题方向，申请人自由理解作答。

6. 作文二

2020 年的题目是“你是如何决定你的就业取向的？你打算如何达到你的职业目标”，250 字上限。没有限制答题方向，申请人自由理解作答。

7. 视频回答

学生上传自己回答问题的视频，具体问题由学校随机提供。问题方向与申请人职业意向、生活经历、兴趣爱好等有关联。具体问题属学校招生办招生机密，不予透露。

8. 面试

只有部分学生会收到邀请，未收到邀请等于申请失败。收到邀请后可通过视频面试或到耶鲁校园面试。面试时长约 30 分钟，问题由在校二年级 MBA 学生或校招生办工作人员给出。问题方向与申请人职业意向、生活经历、兴趣爱好等有关联。具体问题属学校招生办招生机密，不予透露。面试结束后，来校参加面试的同学可自行参观校园。

9. 申请费

225 美元，申请时缴纳。

研究生申请不需要托福、雅思等语言成绩，因为英语能力会在面试和作文中展现。

升学世界顶级名校，仅有好的成绩是远远不够的。他们通常认为考生成绩优秀是理所当然的事，所以会从各种角度综合评判考生是否可以被录取，比如领导能力、社会贡献、兴趣爱好、价值观以及对生命的理解等。但这些软性的要求，学校很难有统一的评判标准，一般会由多位选拔考官在会议上反复讨论决定。比如说虽然对于领导能力、社会贡献等没有硬性要求，但是大多数成功申请的学生都有类似的经验——通过工作、本科学生社团、兴趣爱好、志愿服务等获得各种不同的经历。每一个人的经历及成就都不一样，学校也愿意看到学生群体的多样化。

申请过程有妙招

能去申请耶鲁的学生，分数够只是一个最基本的条件。每年申请的学生里面能被录取的也就10%左右。这个比例，挡住了太多优秀的学生。那么我们一定要去了解那些能够脱颖而出的学生到底具备怎样的优势。

下面四点是我儿子的一些经验分享。他让我一定要告诉想要申请的朋友。

首先，申请学校一定要多申请几所。

几千个投简历的申请人中有很多上过常春藤本科，他们个个是人中龙凤，就算你再厉害再突出，总有成百上千的人比你突出、比你独特的。儿子在耶鲁面试的时候，与他竞争的人中有50%左右都是本科从藤校毕业，哈佛、耶鲁、斯坦福的本科生一大堆。至少要申请六到十所学校，然后去自己最想去的，这一点很重要。

其次，唯一一个在申请的时候还可以多努力的是作文。

作文不但能体现申请人的英语水平，还能反映出申请人的价值观以及对世界、对生命、对未来、对人生的真实看法。作文写好了，可以拿到比较好的分数。写好之后可以多多反思，然后让同事、朋友看看，多修改几次。当然写好作文跟自己平常的积累有很大的关系，平常读书的范围要广，知识面要够丰富，才能写出比较出彩的文章。还要多了解所申请的学校的历史、背景以及学校的价值观，这对写好作文也有很大的帮助。

再次，儿子在申请的时候去过很多学校的招生会，给不少在校学生发过邮件，询问他们的申请经验并向他们寻求建议，这一点很有帮助。

了解各个学校的风格和校园文化，这样在写作和面试的时候，可以把自己的理解加入进去。耶鲁虽然是顶尖名牌大学，但里面的学生都很善良朴实，愿意互相帮助。儿子找耶鲁的校友聊天时，大家都很愿意跟他交流，没有人拒绝他，这给他留下了非常深刻的印象。他之所以最后选择这所学校，也跟这些人文情怀有很大的关系。

最后一点，儿子说他能够被录取最大的优势是跟别人有不一样的故事。

优秀的人非常多，但每个人的故事各有不同的精彩。儿子除了在工作上做出成绩之外，多年来一直不间断地做志愿者，在一些有影响力的杂志上发表文章，到美国留学后一直坚持习武健身，连续四年练习咏春……这些经历都是他的加分项。考试成绩和工作经验达标之后，总结越全面，故事越有趣，越能吸引人，就越有机会。

申请的过程就是儿子在美国这些年来学习、工作和生活的总结。从 2011 年开始到美国留学，近 10 年的时间，儿子所付出的每一分努力，在拿到耶鲁商学院录取通知的那一刻，已经得到了一份满意的回报。

能力养成是根基

儿子目前有这份小成就，我把促其成功的底层能力归纳成了九种能力——爱的能力、责任心、阅读能力、学习能力、选择能力、逆商、格局力、自律、榜样能力。

这九项能力最终使儿子成功进入了耶鲁大学，为儿子将来的人生打下坚实基础。

透过现象看本质——

爱和责任心是为人处世的立足点，有成绩没有爱的人一生匮乏。

阅读和学习能力帮助孩子启迪智慧、树立远大志向。

选择能力、逆商和格局，造就孩子的思维习惯和行为方式，决定孩子以后能走多远。

自律，往往源于一个人对自己的人生规划和生活目标的清晰认知，是对自己的生活负责的意识。

榜样能力，激励孩子不断前行，活出生命的价值。

考上世界顶级名校耶鲁只是儿子人生路上的一个果实，儿子取得的每一个成果，作为母亲，我都会给他祝福，为他加油。

考上耶鲁，只是人生的一个新起点。路漫漫其修远兮，未来的路，无论还有多远，我相信我的爱和祝福会陪伴儿子走好每一步。我相信，未来的人生路上，儿子还能获取更为丰盛的果实。

我希望，儿子将来能够健康快乐地生活，也能把他多年所学，用来服务社会，报效祖国。这就是我最大的心愿。

在本书初稿完稿之时，儿子让我替他送出他的祝福，希望更多的学子考上自己理想的学校，希望耶鲁有更多来自咱们中国的学子，他在耶鲁等着大家。

这一章的许多内容都是儿子提供给我的，在这里，我也要谢谢我的儿子，谢谢你对妈妈的支持。

小玲贴士

通过前面四个问题的探讨，相信看到这里的家长朋友们，对如何培养孩子、培养孩子什么、把孩子培养成怎样的人都有了明确的信念。

那么，接下来，我将与大家具体分享我是如何培养儿子的九大底层能力的。我会把我所有的教育方法和心得毫无保留地跟大家分享，希望能对每天跟孩子斗智斗勇的父母们有一点点启发或参考。

第二辑　九大能力培养秘诀

第一章　你希望孩子广受欢迎吗？——培养孩子爱的能力

第二章　你希望孩子让你省心吗？——培养孩子的责任心

第三章　你希望孩子学习“开挂”吗？——培养孩子的阅读能力

第四章　你希望孩子永远进步吗？——培养孩子的学习能力

第五章　你希望孩子自主抉择吗？——培养孩子的选择能力

第六章　你希望孩子笑对逆境吗？——培养孩子的逆商

第七章　你希望孩子自立自强吗？——培养孩子的自律能力

第八章　你希望孩子前途无限吗？——培养孩子的格局

第九章　你希望孩子受人尊重吗？——培养孩子的榜样力

第二章

你希望孩子广受欢迎吗？——培养孩子爱的能力

如果一个孩子不管走到哪里总是给别人制造麻烦，我相信他不管出生在谁的家里，都会让父母头痛。

那些不招人喜欢的孩子究竟哪里出了问题，我们暂且不去分析，换一个方向，先探讨如何让孩子不管到哪里都招人喜欢，或许答案就会自然浮现。

那么孩子具备什么样的品格和能力，才会成为一个不管走到哪儿都受人欢迎的人呢？

根据这些年培养儿子的经验和做家庭教育的经历，我得出了这么一个结论：想要孩子成为一个受欢迎的人，他必须拥有爱的能力。

拥有爱的能力，才懂得爱自己

有句话是这么说的：世界上所有的爱都是为了在一起，唯有父母对孩子的爱是为了更好地分离。孩子总有一天是要离开父母独自工作和生活的。到分离的那一天，父母怎样才能放心地看着孩子离开自己？这就需要培养出孩子爱自己的能力。孩子会爱自己了，就会在方方面面将自己照顾得很好。

儿子小学二年级的暑期自己要求参加夏令营，我同意了。那是一个全封闭学习的夏令营，我相信儿子在这里能学会照顾自己。

刚到夏令营的第一天晚上，儿子打电话回家，我一接电话他就哭了，边哭边说：“妈妈我要回家，你快来接我吧，我想你，我想家，我再也不要上夏令营了。”等儿子在电话那头冷静了一点后，我和他说：“儿子，妈妈也想你。但是去夏令营是你自己的选择，也是长大的过程中必须经历的一个阶段，你能在那里学会照顾自己，还能认识很多的伙伴。你不是说你已经是男子汉了吗？男子汉就是要先学会照顾自己，然后在别人需要你的时候，你才能照顾别人呢。以后你可是要照顾妈妈的哦。”

通话之后，儿子继续留在了夏令营。等到夏令营结束的时候，他已经和那里的同学和教官交上了朋友，分别时依依不舍，还拿了奖状回家。看着儿子黝黑的脸庞和开心的模样，我知道儿子已经学会了如何照顾自己，也学会了如何跟完全陌生的人相处。

在儿子成年以前，尽管我注重培养他爱自己、照顾自己的能力，在他没有面临真正的独居考验前，我依然有点担心，这种担心持续到他准备出国留学，去参加美国高考的时候。

那时候考试需要到香港去，一共要去三次。除了第一次是儿子的舅舅带他去的，之后每一次都是他自己去，从报名考试到订酒店再到了解考试路线及所有相关的事情，都由他一个人完成。

我问儿子：“你在香港需要帮助时候，用什么语言跟别人交流呢？”儿子说：“遇到年轻的人我就用英语，因为我知道香港人从小就是英文教学，大多数年轻人英语沟通都是没问题的。如果碰到一些年纪大的，我就用广东话。”接着他马上说了一句非常地道的广东话。我很意外，因为平常我们的交流都是说普通话，我也从来没有听他说过广东话。我问他：“你什么时候学的广东话？真的可以用广东话跟别人交流吗？”儿子笑着说：“在深圳长大会点广东话很正常啊，可能我说得不是很标准，但是沟通的时候重要的不是语言，我会有办法让对方明白我的意思的。妈妈，您不需要担心，不管在哪里，我都不会让自己饿着冻着的，这是最基本的能力，您放心就是了。”

通过在香港的自由行走，儿子已经用他自己的方式告诉我，他有爱自己、照顾自己的能力，即便不久后就要到美国留学，我也不需要有太多的担心，只需要给他祝福就够了。

当孩子拥有了爱的能力，他就会懂得如何去爱自己，懂得如何照顾好自己的身体和心情。会照顾自己是爱自己和爱别人的前提。当孩子拥有了爱自己、爱别人、爱身边的环境的能力之后，无论到哪里，他都会成为一个受人欢迎、不需要家长担心的人。

拥有爱的能力，才懂得爱别人

一个孩子懂得爱别人，自然会得到别人对他的爱，换句话说，当孩子拥有爱别人的能力后，无论去哪里，他都会得到贵人相助。但是这种爱别人的能力，也是需要家长引导的。

当一个孩子从父母和长辈那里得到了足够多的爱时，这种从内生发的心灵上的富足，会让他能够把从长辈的身上学习到的爱的能力反哺给长辈，并且给予周围他能影响到的所有人。

儿子小学一年级的时候，参加全国少儿书法“小百花”杯的比赛获得了金奖。获奖的孩子们暑假组团去山东威海领奖，家长们也顺便带孩子去山东的城市旅游。

刚到青岛，儿子发起了烧。第二天，伙伴们到崂山去玩，我担心旅途太累，儿子的病会加重，就决定留下来陪儿子在海边走走。儿子看到小伙伴们都走了，也想去崂山，但我跟他讲清楚不能去的理由之后，他还是很愉快地跟我一起在海边玩。

我一边陪他捡贝壳一边跟他说："儿子，你看健康多重要啊，我们一起出来旅游，因为你生病了，我们就不能上崂山去玩了，以后我们要好好锻炼身体，把身体锻炼得棒棒的，就不生病了。"儿子说："妈妈，因为我生病，害得你也不能去玩了，哎，都怪我，以后我不生病了，我们就可以和小伙伴们一起玩了。"我看到儿子有些内疚，就告诉他："没有关系啊，虽然我们今天没有去崂山，但是我们在海边捡贝壳也很开心啊。等回家之后，我给你买《崂山道士》的光盘，它是一个木偶剧动画片，可有意思了。"儿子听说我要给他买动画故事的光盘，也非常开心。

那天，我和儿子在海边捡了很多小贝壳，还在沙滩上抓到了几只可爱的寄居蟹，儿子找来一个空的矿泉水瓶子，把小螃蟹装在里面。等到离开海滩的时候，我们把螃蟹重新放回了沙滩上，因为儿子说，要让它们回去找妈妈，不然天黑了它们就回不了家了。

儿子和我都玩得非常开心，等到下午小伙伴们从崂山回来的时候，儿子的烧也完全退了。

在突发事件来临之时，家长不应焦躁、疑虑，而应先自己修炼好“爱”的能力，在言行之中影响孩子，智慧地教育孩子。

旅途中突然生病其实是一件很扫兴的事情，但是没必要因为不可控的情况让自己和孩子陷入烦躁、焦虑之中。我们没有办法完全避免意外，但是我们永远可以用平和的心态应对意外。

自己身上没有的东西是永远都没有办法给予别人的，一个人能够给予，是因为他的内在是富足的。而这种内心的平和感、富足感能够通过家长的言行举止感染孩子、影响孩子，长此以往，孩子也将成长为一个内心富足的人。

山东之旅给我和儿子留下的记忆还不止于此。当时导游安排我们吃完午餐就上船去刘公岛，在刘公岛游玩结束再去酒店，然后参加晚上的颁奖典礼。

万万没有想到，刚上刘公岛，我就腹痛如刀绞，疼得连站起来的力气都没有。儿子赶忙跑去找导游，导游一看，说我可能是刚刚午餐吃了海鲜导致的急性肠胃炎。我吃了一点导游随身带的药还不起作用，导致全团不得不提前返程。下了船我和导游打车直奔医院，儿子则交给了同去的书法班老师和家长们。

每次旅行通常我都是和儿子各自背一个背包，各自拉一个行李箱，他自己的东西由他自己收拾和整理。病倒之后，尽管我去医院之前曾拜托同行的家长们照顾一下儿子，但我依然担心东西多，我的箱子又比较大，儿子没有办法照管好。

没想到我回酒店后，儿子马上把他给我带回来的饭菜以及他拿到的奖状、奖杯递给我。

很多家长都过来看我，还争相对我描述我进医院之后儿子所做的一切："你这个儿子真的太了不起了，我们还在手忙脚乱找东西、找孩子的时候，你儿子已经把两个箱子搬出车子在酒店门口放好，自己背着背包在等我们了。到了吃饭的时候，服务员刚刚把饭菜端上来，他就去找服务员说，他妈妈在医院打针，请服务员拿饭盒来给他妈妈打包饭菜，不能让他妈妈吃剩下的饭菜，因为她现在肠胃不好。"

儿子的这些举动,把在场的家长感动得一直在感慨，我听了也热泪盈眶。一个还不到8岁的孩子，已经懂得不给别人添麻烦，尽最大的能力照顾自己、照顾妈妈。对此，我是很欣慰的。同时我也知道，儿子已经从我的身上获得了爱的能力，因此，他才能把爱反哺给我。

我们付出的爱，最后都会回到我们自己的身上。就像这次山东之旅，旅途的初始，我教他用感恩的心态看待遗憾；旅途的终点，他展现给我他妥当处理问题的能力。爱的能力使我们之间的情感维系得更紧密。

身教是最好的教育

言教入耳，身教入心，这是我一直坚信的观点。孩子被影响，更多不是因为父母怎么说，而是因为父母怎么做。

《探索名门望族背后的秘密》里，林院长说过：“大人行善，都会在孩子身上得到福报。因为这是一种教化。教化化为精神，精神显于财富。所以，只要大人行善积德，孩子和后人都会有福气。”

儿子还在上幼儿园的时候，有一次周末，我领着他准备去附近的超市买东西。当我们经过一个公交车站时，刚好有一辆公交车到站，有一个看上去像是刚到深圳的打工者，提着大包小包的行李下车。就在他刚走下车门的时候，他手上那个塑料袋破了，东西“哗”地散落了一地，那人当时就傻眼了。看到这一幕，我二话没说就从随身的包里拿出自备的购物袋递给他，帮他捡起地上的东西。儿子见到了，也跟着我一起帮忙，直到把地上的东西全捡完。那个人激动得不知说什么好，只能一个劲地说："今天运气太好了。"

过后，看到儿子走路连蹦带跳，嘴里还哼着小曲，我就问他："儿子，你为什么这么高兴？"儿子天真地说："因为我们帮助了那个叔叔，他谢谢我了，所以我特别开心。妈妈我看你也很高兴呀。"我说："对呀，帮助别人是一件很快乐的事情，如果今天是我们的袋子破了，我们也会希望有人帮助我们的，对不对？"

行动是会让孩子有身体记忆的，我在不断行善的过程中教了儿子一件事——帮助别人是快乐的。

我一直很感谢那些给我机会帮助他们的人。我帮的不只是他们，重要的是在儿子幼小的心里种下了一个非常宝贵的心锚——当我们付出爱的时候，我们是快乐的。当有了"付出爱是快乐的"这种潜意识之后，孩子才会更愿意对别人付出爱。

2003年，我开启了自我成长之旅。当时我参加了一个课程，课程结束之前全班同学要一起去做一些善事，比如去看望一些贫困山区的孩子或者去看望一些孤寡老人。课程结束之后，我还持续做了很多年的公益。

每当我去做这些善事的时候，我都不忘带上我的儿子。在这过程中，儿子看到了我怎么去帮助别人，这些熟悉感会建立熟悉的模式。儿子多年来一直热心于帮助别人，从中学开始便在学生会工作，经常会以各种方式帮助有需要的同学和他们学校的外教老师。2008 年 5 月，汶川地震发生后，他跟他的同学一起上街去募捐，把募捐而来的资金送去帮助那些受灾的孩子。到了大学之后，他做志愿者的热情更高了。在大学四年期间，他创办了六个社团，其中有三个在他毕业之后还被保留了下来，继续服务在校的同学，以至于在他毕业时，校长在毕业典礼上亲自给他颁发了对学校社团的杰出贡献奖。从大学开始至今，孩子一直利用周末的时间做义工。近年来，还一直致力于给第三世界国家的孩子到美国留学提供帮助，帮助了许许多多的人。这与当年他跟随我去帮助别人时建立的熟悉感是有直接关系的。熟悉感 + 好感 = 遇见。

孩子对爱的理解来自长辈对周围人的付出。家庭是孩子成长的根基，一个家庭给孩子什么样的养分，日后孩子就会反哺给家人、给予社会什么样的营养。

浇灌爱，哺育爱，让爱的种子慢慢发芽成长。孩子从小在爱的氛围之中长大，便懂得用同样有爱的方式去关爱家人以及社会上更多需要被关爱的人。

正确的引领会让爱的种子长大

儿子小的时候，我带着他出门时如果遇到了乞讨的人，我都会拿出零钱让儿子放在他们面前的容器里。我不在意他们是不是在骗人，因为我觉得这样做可以培养儿子的慈悲之心。

对孩子进行爱的教育的最佳方法是父母从小带领孩子做善事。小时候在孩子身上种下的慈悲种子，会在他的内心生根发芽，慢慢长大。这种在行善教育下长大的孩子明是非、懂善恶、有共情能力，走到哪里都会受欢迎。

正因为这份对他人的善良，我的儿子在成长道路上帮助了很多人，也被很多人帮助过。

儿子大二那年的暑期，他留在美国做暑期工，我朋友的孩子想从国内到美国去打暑期工，为以后出国留学累积经验，希望我的儿子可以帮帮他。当我跟儿子在电话里面说到这个情况的时候，儿子犹豫了一会儿说："妈妈，其实我真的挺忙的，暑假除了工作，我还在选修其他的课程，每天时间都安排得很满，有些事，如果不是非常紧急的，让他们自己想办法可以吗？"听了儿子的话，我沉默了几秒钟，儿子说的情况，合情合理，没有什么不对，似乎也应该被理解、被尊重。但是，我心里有种很强烈也很真实的感受想要跟儿子表达："儿子，一个人离开父母、离开熟悉的环境去到异国他乡有多不容易，你应该了解，因为你是有过切身体验的。当你在美国有了一个家，有了 Donna 妈妈（儿子在美国的住家妈妈）一家人对你的关心和爱护的时候，作为妈妈，你知道我有多么欣慰吗？"我的话刚一说完，儿子马上跟我道歉："妈妈，我懂了，我为我刚才所说的跟您道歉，以后我一定会尽我所能去帮助那些需要我帮助的人。"

后来，朋友的孩子在美国打工时得到了我儿子的帮助，他们也成了很好的朋友。

另一个让我印象深刻的例子也发生在儿子留学过程中。儿子到国外读书的第二个月便尝试着去打工，哪怕是不挣钱的活也干，说可以学到东西。他协助他的老师做了很多的工作，很快得到了老师的认可，后来老师介绍他到学校出版社做兼职。那是一个非常难得的工作机会，一般学生想进出版社工作是非常不容易的。在那里不光能挣到一份薪水，还能学到很多技术。儿子进入出版社后，很快就跟他的工作伙伴还有老板相处得非常好，不久还介绍了他同宿舍的一位来自贫民窟的黑人同学进出版社做兼职。

我问儿子为什么不是帮别的同学而是帮这个黑人同学，儿子说："我去过他家，了解他家的情况，他比别的同学更加需要这份工作。他来自贫民窟，平时家里都是拿政府的救济，这一份兼职能在经济上帮上他很大的忙。"

后来，这位黑人同学一家人都把我儿子看成了很重要的朋友。假期里学校不能提供住宿的时候，他们把我儿子接到他们家，把家里最好的房间让给我儿子住。我去美国看望儿子的时候，他们一家很隆重地邀请我过去做客，用招待非常尊贵的客人的方式招待我和儿子。

我看到了儿子那一份善良、那一份对别人的爱，我的作用是引导他将这份善良和爱发散出来。他在异国他乡获得的爱和尊重，是他善良的证明，也是爱的回报。他在旅途中遇见的善人善事，也为他的人生添上了一笔无形的精神财富。

懂得去爱的孩子，他身上的爱就会越来越多。爱出者爱返，就是这个道理。

帮助别人的人，得到了尊重和爱的回流，而那些被温暖过的人，也会将这份温暖传递给更多需要帮助的人。

小玲贴士

孩子懂得爱自己、爱别人，才懂得去对自己、他人以及周围的环境负责任。

明白了爱的能力对孩子有怎样的价值之后，父母就需要不断去提升自己爱的能力，并且引领孩子拥有爱的能力。

孩子对爱的理解来自家庭成员对彼此的付出。从小在爱的氛围之中长大的孩子，更懂得如何去关爱家人、朋友以及社会上更多需要被关爱的人。

第二章

你希望孩子让你省心吗？
——培养孩子的责任心

你的孩子是让你省心，还是让你操碎了心呢？想要做一个省心的家长并不难，前提就是要先培养孩子懂得对他自己负责。当孩子懂得对他自己负责任的时候，他会接过他自己人生的方向盘，你自然就可以省心了。

负责任的心态对孩子来说究竟有多重要？怎么才能让孩子做到这一点？这就是这一章我要与大家分享和探讨的内容。

想省心，得先建立孩子的责任心

责任心是指个人对自己和他人、对家庭和集体、对国家和社会所负责任的认识和信念，以及与之相应的遵守规范、担当责任和履行义务的自觉态度。它是一个人应该具备的基本素养，是健全人格的基础，是家庭和睦、社会安定的保障。

“一个人若没有热情，他将一事无成，而热情的基点正是责任心。”托尔斯泰的这句名言，一针见血地说出了责任心的重要性。有无责任心，是决定生活、家庭、工作、学习的成败的关键，也是影响人与人关系的重要因素。

《把信送给加西亚》这本书里讲了这样一个故事。

美西战争爆发后，美国必须立即跟西班牙

的反抗军首领加西亚取得联系。加西亚在古巴丛林的山里——没有人知道确切的地点，所以无法写信或打电话给他，而美国总统必须尽快获得他的合作。怎么办呢？

有人对总统说：“有个名叫罗文的人有办法找到加西亚，也只有他才能找得到。”他们把罗文找来，交给他一封写给加西亚的信。罗文接过信之后，并没有问加西亚在什么地方，而是立刻出发，在没有任何护卫的情况下，孤身一人设法从敌人的包围中逃出来，以其绝对的忠诚、责任感和创造奇迹的主动性完成了把信送给加西亚这件“不可能的任务”。

罗文对这封给加西亚的信的态度就是负责任的态度。当一个人愿意负责任的时候，他会主动去承担责任，然后在行动的过程中找到有效的方法完成他的责任目标。

一个人愿意为自己、为他人、为环境负责任的时候，他取得成功的方法可以有成千上万；一个人不愿意去承担责任的时候，他推卸责任的借口同样可以有成千上万。

多年前，深圳曾经发生过一件这样的事：有个学生学习成绩不好，中学毕业之后没考上大学，于是家里把他送到了国外读书。尽管留学需要高额的学费和生活费，但是孩子并没有好好学习，只是每天在国外混日子。他觉得出国留学这件事是父母强行为他安排的，他自己没有兴趣读下去。

可国外的学校也不是好混的，由于成绩太差，他很快就被学校开除了。他不敢把这个情况告诉他的父母，签证到期之后，他回到深圳，住在一家星级酒店里，依旧在网络上跟父母联系，欺骗父母说自己还在读书以骗取学费和生活费，自己则每天在网上玩游戏度日。

直到有一天，他母亲的同事在酒店遇见了这个孩子，孩子住在酒店的秘密才被发现。他母亲得知他已经在酒店住了将近一年的时候险些昏厥过去。而他却觉得：要是没有被发现就好了！

一个人不懂得对自己的人生负责任的时候，就会像蛀虫一样靠依附别人过日子。上述事例里的留学生就是这样，不仅不能为家庭、为社会作出贡献，还成了家庭和社会的负担。比这更严重的甚至会对家庭和社会造成危害。

要想避免上述情况，我的经验和建议是从小帮助孩子建立负责任的意识。这样做不仅父母能省心，孩子长大后也会更有担当。

规划人生，兴趣学业两不误

在儿子的小学阶段，比起学科成绩，我更注重培养他的兴趣，借此训练他对学习的规划能力以及锻炼他的坚持力。在我看来，规划等于方向，努力等于过程，方向错了，再努力也未必能取得好结果。在我的示范与引导之下，儿子逐渐有了规划自己爱好和学业的能力。

在儿子上小学二年级的时候，我开启了自我成长的旅程。在此期间，我把自己学习到的知识用在了自己的生活当中。比如做计划，在年初我会把一年的计划写出来，贴在卧室的墙上，让自己每天都看到。到了年底，我会给自己做总结，对做到的、没有做到的以及需要提升的项目做详细的归纳。

计划可以有短期的计划，也可以有长远的规划。做计划最大的好处是让自己能够有方向、有目标地做事，而且在不知不觉中，这种对个人生活的把控、对自己负责的心态也能对孩子产生影响。

我在做计划的时候，常常让儿子也尝试着这么做。很快儿子就学会像我一样去规划自己一年的学业。小学、高中、大学，年复一年，他都这样规划自己的生活。

小学那几年，他的目标是每年都要参加全国性的书法大赛并在比赛中拿奖。为此，他制订了每天的书法练习计划，并按照计划练习书法，最后成功实现了在比赛中拿奖的愿望。

小学三年级之前，儿子的英语成绩并不是特别好，由于我对他的成绩不是特别在意，所以也没有要求他去补课。但他三年级那年，有一个机构推销英语学习教材，并给了家长免费带孩子体验快乐学英语的机会。周末的时候，我带儿子参加了这个活动。儿子在活动中找到了学习英语的快乐感觉，可课程配套的英语学习产品价格是比较贵的。看到儿子热切的眼神，我跟他做了一次沟通。

我说："这套教材价格比较贵，如果把它买回家了，那我们暑假的旅游可能就得取消了。妈妈没有那么多钱同时满足这两个项目的支出，你需要做一个选择，你看是买学习资料还是旅游？”儿子毫不犹豫地说：“买学习资料吧，旅游我们可以等到寒假再去，但是学习资料我想现在就可以开始学。”“学习资料买回家，那就要每天坚持学习，能做到吗？”我继续问。“可以做到，妈妈，我答应你。”儿子坚定地说。

就这样，把教材买回去之后，儿子每天在家做完作业就用电视看教程里的故事，睡觉前和起床后则听英语歌曲或英语故事。慢慢地，儿子爱上了英语，英语成绩有了很大提高。

到了初中，他发现他们班里英语成绩好的同学很多，他在班里的英语排名有点靠后了，于是他自己开始制订英语学习计划，比如一天要记多少个单词、练习多少条口语，为此他买了很多“口袋笔记本”，学过的单词都记在小本子上，随身携带，随时学习。不到一年，他的英语成绩又在班里名列前茅了。

初中毕业的那个假期，儿子给自己制订了一个严苛的学习计划。他决定在假期里开始全英文的阅读，要让英语在上高中之后成为他能熟练使用的语言工具。高一开学不久，他的英语老师（也是他初三的英语老师）打电话问我：“这孩子在暑假做了什么？怎么一个假期过去他的英语进步那么大？完全超乎我的想象。”

我知道儿子在英语上的每一份收获都离不开他的努力，更加离不开他的学习计划。他小学三年级之前，我其实不太在意他的英语成绩，但是当他自我觉醒了对英语的学习欲之后，我给了他选择的机会，而他也作出了推迟旅游而学习英语的选择。我很欣慰，因为他意识到了读书是他自己的事情，必须靠自己。

一个人如果做事不能有好的规划并为之付出努力，就很难取得成果。但当一个人懂得对自己的事情负责任之后，他就不会产生依赖和侥幸的心理，而会自发地做好规划并努力实现。

引导孩子是一种潜移默化的行为。虽然我对儿子的学习成绩从来没有刻意去要求，但他在学习上一直不用我多操心，因为他早早就有了对自己负责的意识和担当，知道在学习上该如何努力。

我去参加儿子的大学毕业典礼的时候，他开心地告诉我："妈妈，这几年到美国留学所有的目标都已经达成，而且有部分目标是提前完成的。"原来四年的本科他只用了三年多就提前把学分修完了，在别人忙着写毕业论文的时候，他已经把工作找好，在为研究生的考试做准备了。

当我知道儿子能够把自己的生活规划得这么完善的时候，我深深地为他感到骄傲，并且我发现，"儿行万里母不忧"才是一个母亲最大的成就。

小事开始，独立成长

几年前的一个冬天，我到临沂的一个幼儿园讲课，看见好些孩子是由爷爷奶奶背着上幼儿园的。因为衣服穿得多，所以那些老人家背得很吃力。我问其中的一个奶奶：“为什么不让孩子自己走，要背着孩子？”她回答说：“这天太冷了，怕娃娃冻着了。”

除了背孩子上学，校门口还有一个很常见的现象：许多接孩子放学的大人，见到孩子的第一件事就是接过孩子的书包替他们背着。这些孩子也很理所当然地把肩上的书包取下来递给大人，丝毫没有应该自己把自己的书包背回家的想法。

放学路上也经常会见到这样的场景：家里的长辈或是保姆背着孩子的书包走在一边，而孩子拿着吃的喝的晃晃悠悠走在后面。其实幼儿园孩子的书包并不重，为什么家长不忍心看孩子负担一点重量、经受一点挫折呢？

父母有爱子之心，还得懂得如何去爱才是真正的爱。孩子总有一天要自己去面对自己的人生，而父母无论怎么爱孩子，其实都做不到背孩子走每一步路、喂孩子吃每一口饭。“父母之爱子，则为之计深远”，孩子只有从小能够做自己力所能及的事，长大后才更能从容面对自己的人生。

从儿子上幼儿园开始，我就跟家里的大人达成了共识并立下了这样的规矩：孩子的书包让他自己背，练习书法的纸笔墨由他自己负责收拾。力所能及的事，都让他自己去完成。

儿子上小学的第一天，我就教他如何收拾书包、整理课本、根据需要穿不同的校服、预习和复习功课。我告诉儿子，我会陪着他一周，教会他上学该懂的事情，一周之后，由他自己收拾，然后我检查。第二周儿子自己动手的时候，还是有些不麻利，甚至手忙脚乱，这时候我需要做的就只是耐心和适时地给予他认可、欣赏、赞美，让他找到自己可以独立完成这件事的自信。

等儿子完全掌握了这些能力后，我非常认真地告诉他："儿子，从现在开始，上学读书是你的事，并且是你这一辈子获得快乐最重要的途径。所有上学的事你要自己负责，跟我无关。以后的作业需要我签字的，我可以签字，但是对错你自己负责。"

我是这么说的，也是这么做的，从那之后，孩子的学习我一概不插手。

儿子二年级的时候，有一次老师布置了听写作业，他理直气壮跑来找我报读，说："这次你不能不帮我了吧？因为这是作业的要求，我自己是没有办法完成的。"听起来这是一个合理的要求，按理说我不应该拒绝他，但是我知道一旦破例了，就会有第二次、第三次。

于是我对儿子说："这件事听起来是合理的要求，但是妈妈相信你会有能力解决这个问题的，你先想想办法。"儿子知道在我这里没有后门可以走，就回到自己的房间想办法去了。

没过多久，他兴高采烈地跑来跟我说："妈妈，我的听写作业已经搞定了！你知道我是怎么做到的吗？"

我也带着好奇问他："你是怎么做到的？跟妈妈说

一下。”

儿子带我到他的写字台前，指着他桌上的复读机说：“喏，就是它帮忙的。我先把要听写的内容读一遍录起来，然后再按播放键，就搞定了，是不是很简单啊？”

我很开心地表扬了孩子，说：“我一直都知道你是可以的，只要你愿意想办法，你自己学习上的问题一定可以自己解决的。”

儿子接着说：“妈妈，其实我还想到了另一个办法，可以打电话让我的同学帮我读，我来写。但是我觉得复读机更方便，不需要麻烦别人。”

其实，每个孩子都具备这样解决问题的能力，只是很多时候家长们剥夺了孩子成长的机会却不自知而已。

有句老话是这么说的：“一屋不扫何以扫天下。”哈佛大学做过一个研究，其结果显示：爱做家务和不爱做家务的孩子，成年之后的就业比例为 15∶1，而犯罪比例为 1∶10，其次，爱做家务的孩子心理更加健康，离婚率也低。

培养孩子干家务是一件非常重要的事，愿意干家务的孩子长大之后会更有担当。放手让孩子从小就尝试着做一些力所能及诸如做家务之类的小事，他是不会累坏的。做家务不仅能让他体验到做事的乐趣，而且在做事的满足感中，他的“负责任的意识”

会慢慢建立起来。

> 儿子不到四岁时，我就开始让他洗他自己的袜子，虽然那时袜子洗得并不干净（我经常会在他洗完之后重新洗一遍），有时洗一双袜子他能在洗手间待上半天，用去半包洗衣粉，甚至把自己身上的衣服也全部弄湿。但这些都不重要，重要的是自己洗袜子这一行为，开始让儿子有一种“帮妈妈分担家务活”的意识，让他知道他是家里的成员，他也需要力所能及地分担家务事。

孩子做事的时候，父母及时地给予认可，他就会越来越愿意帮着父母做家务。

培养孩子的责任感，一定是从孩子小的时候开始，从小的事情开始。孩子早一点学着自己走，摔倒了让他自己爬起来，只有这样孩子才会真正长大。

提高参与感，培养家族意识

一个人从小对家有责任感，长大之后才会对社会有责任感。

培养孩子的家族责任感一定要把握当下的机会。和孩子在一起的时候，无论是看书、看电视、旅游还是聊天，我们都可以及时切入，用孩子能够接纳的方式去引导孩子。

儿子小的时候，我和他聊天的时候经常会说起他爸爸读书时的一些往事。他爸爸读书的时候一直非常用功，成绩也非常好。即使小时候家里条件比较艰苦，放学回家还要帮家里干活，晚上也常常点着煤油灯学习到深夜。因此，后来才能考上县里的重点高中，最后更是成为深圳大学的首批大学生。他爸爸一直是他父母的骄傲，也是家族的骄傲。

每当讲起这些事的时候，我会及时告诉儿子："你要像你爸爸一样，成为爸爸妈妈的骄傲，成为我们家族的骄傲。"

儿子小学六年级那年，我单位一个同事的孩子考上了麻省理工学院，当我跟他分享这个消息的时候，他突然对我说："妈妈，你不要羡慕别人的孩子，将来我也一定会好好学习，为我们家族争光的。"这时我知道，儿子已经对自己的家族有了一荣俱荣的责任感。

还有哪些方法可以增加孩子的家族责任感呢？

父母让孩子对家里的事有参与感，他就会觉得家里所有的事都跟他有关，而且会生发出一种家族的荣耀感和责任感，从而愿意承担起更大的责任。在我家，每年祭祖的时候，我都会带上儿子，给他讲祭祖的风俗及意义，讲我们家族祖先的一些故事，让他知道他的祖上出过什么样的人，祖上有些什么样的好品格需要传承。

如果我们去参访一些名门望族，我也会抓住机会跟儿子讲这些名门望族里的有识之士的故事，告诉儿子这个人做了什么改变了自己的人生和家族的命运，最后可以让世人都记住他以及他的家族。

某次我们参观鲁迅故居，白天听导游讲解，晚上儿子写日记之前我还特意问他："鲁迅弃医从文的初衷是什么？他做了什么事让世人记住了他？"儿子说："鲁迅弃医从文是想用手中的笔跟黑暗的社会现实较劲，用手中的笔唤醒国人麻木、沉睡的心灵。"

我借这种一问一答的方式加深儿子的记忆，让儿子懂得了一个人只有做对的事、做有益于社会和国家的事，才能成为受人尊敬的人，他的家族也会因此受到社会的尊重。儿子在一问一答的过程中，更增加了一份想要成就自身、成就家族的责任感。

对人负责，对事负责

儿子初中时有一次参加完学校组织的活动后，跟我抱怨了很多他认为的这次活动过程中学校做得不合理的地方。

听完了儿子的讲述之后，我问他："你觉得学校应该怎么做才是合适的呢？"儿子说了很多他自己的想法。我又说："那你愿意把你跟我说的这些话，去跟你们的校长说吗？"儿子说："我不敢。"我继续跟儿子分析："妈妈非常理解你的心情，也觉得你的想法蛮好的，但如果你只是对妈妈抱怨这些事情，那这些事情是不会改变的，说不定学校下一次组织活动的时候，同样的事情还会发生，更多的同学会得到类似这样不好的体验。但是，如果你愿意把你的想法告诉校长或者你的班主任，可能情况会得到改变。你愿不愿意去尝试呢？”

对他一个初中生来说，让他给校长提建议，确实不是一件简单的事，我也明白孩子的成长得有一个循序渐进的过程。这次儿子再三考虑后，最终把建议提给了班主任。没想到班主任还因此在班里表扬了他。

这件事给儿子的触动对他后来的学习和生活有很大的影响，他看到了自己的价值，体会到当自己愿意为某件事的结果负责任的时候，自己是可以出一份力的。自此，他对人对事都多了一份负责任的心态以及尽自己责任的自觉。

除了在儿子学习生涯中引导他主动承担责任，为了让他有更强的社会责任感，我还让他从小就看新闻，和他一起讨论一些时事，培养他对公共事件的敏感度。

从中学开始，儿子对公益的热情开始显现出来，他不只管好自己的学习，还热衷于参加集体组织的公益活动，帮助有需要的人。

到美国上大学后，儿子一直坚持做志愿者，十年中从未间断。志愿者这份工作不但锻炼了他的能力，而且让他进一步懂得了如何为他人、为社会尽自己的责任。

2019 年 1 月，他获得美国前总统老布什倡议和指导的“光亮之点”志愿者组织的年度贡献奖，奖状由老布什的二儿子亲笔签名颁发（姚明也曾在 2014 年获得同样的奖项）；2020 年 1 月，他获得时任美国总统特朗普签名颁发的“总统志愿服务奖”，表彰了他对社区作出的长期突出贡献。

儿子的责任心更体现在他对整个社会及人类的关注。大学期间，即使他的学习非常紧张，他也还是抽出时间去研究转基因的问题，而且在大学二年级的时候写了一篇关于转基因食品对人类社会的影响的文章。这篇文章发表在耶鲁大学的生物医学杂志上，引起了很多老师和同学的关注。这也为他后来被耶鲁研究生院录取打下了基础。

培养孩子的责任心总的来说即由己及人，由小及大。

父母首先要引导孩子养成良好的生活习惯，小到吃饭洗澡，大到整理自己的房间、独立完成功课，让孩子知道自己的事在力所能及的情况下要自己去完成，不能依赖别人。

当孩子能够对自己生活上的事负责任的时候，父母再慢慢引导孩子对家里的环境负责任。告诉孩子，因为他是家里很重要的一分子，所以需要一起分担家里的事情。

当孩子有了良好的生活习惯、能够分担家务时，父母再进一步引导孩子为他自己的人生负起责任来，因为他的人生需要他自己去规划、去承担。

每个孩子长大之后的样子，都离不开父母在他小时候给予他的教养。没有哪个孩子天生就是寄生虫，但是如果父母从小什么都不让孩子去经历、去承担，长大之后变成寄生虫也是情理之中的事。

只有从小培养孩子负责任的心态，你才有机会做轻松、省心的父母。

小玲贴士

要想培养孩子的责任心，首先得培养孩子独立的习惯；其次培养他的家族意识，让孩子对家里的事有参与感；最后引导孩子产生对事情负责任的心态。

当孩子懂得了如何为自己负责任的时候，不光是学习，方方面面都无须父母过分操心。

第三章

你希望孩子学习『开挂』吗？——培养孩子的阅读能力

从事家庭教育这些年，无论是在课堂上，还是在生活中，经常会遇见焦虑的父母，他们焦虑的原因大部分是孩子不喜欢学习或者孩子的学习成绩不理想。面对孩子的学习问题，许多家长绞尽脑汁寻求各种学习方法，但很多别人分享的高效的学习方法，孩子却不见得能掌握，这是因为他首先在学习的基本功——阅读的训练上严重不足。孩子阅读的能力级别够了，在学习上才不会后劲不足，才能把学习方法的“招式”用得如臂使指，在学习生涯中真正一路“开挂”。

阅读让孩子拥有非凡的人生高度

我儿子的书包里总是装着书本，无论是在公交车上还是地铁上，他总是利用所有的碎片时间进行阅读。

2010年上海世博园开幕，儿子跟着我妹妹去参观上海世博园。由于每一个参观点人都非常多，所以需要排很长时间的队，一同去的其他几个孩子在排队等待的过程中吵闹不休，他们的父母只能把手机和其他电子产品给他们玩，让他们平静下来。我儿子排队时则会从随身的背包里拿出书本安安静静地看书，在几个小时的排队时间里，他把手头上的书看了一大半。同行的大人都说："这个孩子这么懂得利用时间看书，这个习惯会让他一辈子受益。"

书籍是人类进步的阶梯，每个人本身的见识范围都是有限的，想要扩大见识与眼界，最好的方法就是见一见其他人眼中的世界。想要了解其他人眼中的世界，最好的方法莫过于阅读。

儿子上小学二年级那年，他的书桌玻璃板下面压着一张他从报纸上剪下来的广告语：爱阅读的人永远不寂寞。

爱阅读的人，总有丰富多彩的世界在陪伴他，当然不会是寂寞的。在儿子小的时候，他用阅读去触碰世界。书里藏着一个有趣的、特别的世界，当儿子读懂了的时候，世界就融入了他的心里， 成为属于他独有的见识。于是，他的世界里就有了哈利·波特，有了北极熊，有了卖火柴的小女孩，等等。

而这样一个丰富多彩的世界，必将带来更多的思考。儿子开始学会了思考，思考着：怎样才能变得像哈利·波特那么厉害？北极熊到底是怎样过冬的？卖火柴的小女孩最后有没有吃上圣诞大餐？

有一次儿子问我：“妈妈，比尔·盖茨是世界上最有钱的人，他家的钱是用什么来装的呢？”我说：“他家的钱放在银行里，他只要拿着银行卡或者拿着支票就可以了。”接着我就跟他普及了一下银行卡的知识。他接着问：“那他家钱那么多，用不完怎么办？”我说：“用不完就捐给有需要的人啊，比尔·盖茨每年都会拿出好多的钱出来做慈善，像他这样的有钱人，有很多都是慈善家，他们有钱的时候会想着帮助别人，这就叫作回馈社会。”

那天我们一起分享了比尔·盖茨的许多故事，儿子逐渐觉得做慈善的人都是很了不起的人，可以帮助贫穷的人，还能推动社会向前发展，他说他长大之后也要做这样的人。

儿子长大了热衷于做志愿者，热衷于做慈善，并且每年都要去献血几次，我不知道是不是当年想要做慈善家帮助更多人的信念在起作用，但是我知道当孩子有一颗助人之心的时候，他的内在是富足的。

这些都是阅读所带来的思考的馈赠，然而，思考的馈赠还不止于此，它还能够让人拥有自己独立的思想，不会人云亦云。

2008年，儿子上初中三年级。那一年，奥运会在北京举办。在举办奥运会之前，许多一线城市都会有一个火炬传递仪式。那天，火炬来到了深圳，儿子的学校组织学生到深圳的主干道——深南大道去观看火炬传递仪式。这是一次非常好的爱国主义教育。看完仪式之后，学校给学生布置了一篇作文，要求是写“观看火炬传递仪式之后的感想”，题目自拟。

可以想象，绝大多数的孩子的作文都是表达看到了奥运火炬的激动心情以及强烈的爱国情怀。第二天，我接到了儿子的班主任（也是他的语文老师）打来的电话，她说：“你知道你的孩子作文题目是什么吗？”听到老师这样的话语，我瞬间有点忐忑。好在老师很快就说了：“他是全班唯一一个写这个主题的，他的作文题目是《那个举着火炬跑的人为什么不是我》。”听到老师说出他的作文题目，我马上释然了，也很开心。

儿子写出这样的作文，我一点都不意外，是大量的阅读让他拥有了更宽广的知识面以及独特的看问题和思考问题的角度。

阅读除了带来内心世界的丰盈和思考能力的提高，还能提升表达能力。表达能力不管在什么时候都很重要，是与人相处和融入社会很重要的一种能力。读书多的孩子，不但能拥有更多的思考能力，同时还会拥有较强的表达能力。因为阅读带来的思考能力为表达提供了基础，而阅读本身也为表达能力提供着材料。

表达能力通常通过“说”和“写”来表现。

对于“说”，一个言之有物的人，往往是内在丰沛的人，而这种丰沛，跟他的阅历和阅读量是密不可分的。

说到“写”，就不得不提到教育阶段的作文。对于如何写好作文，很多家长都会挠头，情急之下就给孩子报各种各样的写作班。但是根据我个人的经验，如果孩子不看书，脑子里面没有词汇，再厉害的语文老师，也难以教孩子写出精彩的文章。“巧妇难为无米之炊”，词汇是文章的基本元素，一个不阅读的孩子，是难以写出好的文章的。

无论是“说”还是“写”，都离不开阅读，可以说，表达能力就是以阅读为根基的。

当孩子拥有阅读带来的思考能力和表达能力后，我分明看到了一只羽翼未丰，却想要飞向高空的小鹰。当孩子有了这样的人生高度和志向的时候，作为妈妈的我，能做的就是尽全力支持他去实现梦想。

阅读让孩子收获优秀的缘分

阅读除了提高自身的修养和能力，有时还会带来一些意想不到的收获。

随着儿子慢慢长大，我经常会把自己读过的一些书分享给他。《高效能人士的七个习惯》这本书我在儿子年纪比较小时已经读过，觉得不太适合当时的他阅读。等到儿子上大一时，我重读之后把书推荐给了他。没想到儿子读完后跟我打电话说："哇，妈妈你读这样的书让我好惊叹啊。这本书在美国的地位非常高。它是美国西点军校的教材之一，也是许多大公司管理层人手一本必备的书。作者史蒂芬·柯维在美国的名气可大了。他是美国家喻户晓的人物，是影响美国历史的 26

个人中的一位。他还做过好几届美国总统的顾问呢。谢谢妈妈给我推荐了这么好的书。”

几年后，在参加国际金融分析师考试的过程中，儿子认识了一个跟他一样参加考试的美国年轻人。因为比较投缘，他们考试之后就一起就餐。在交谈的过程中儿子礼貌地询问：“你是美国本土人，你们家族是做什么行业的呢？”那个年轻人说：“我的父亲和我的爷爷都是写书的，他们都有很好的成就。我知道我无论怎么努力，都是无法达到他们的成就的，更不要说超越了，所以我选择学金融。这才有了我们今天的相遇呢。”儿子接着好奇地问：“能说说你爷爷和你爸爸都写过什么书吗？我可是一个书迷，说不定我还读过他们的书呢。”那位年轻人接着说：“我爷爷写过很多书，其中一本特别出名的叫《高效能人士的七个习惯》。我的父亲也写过很多书，其中有一本是《信任的速度》。这两本书都是全球发行的。你听说过吗？”儿子当时就兴奋地大笑起来：“我何止听说过，我还是你爷爷忠实的粉丝呢。你父亲的书我也听说过，但还没有拜读。在美国如果没有听过他们的名字以及他们写的书，那可就真的是过时了。”

虽然《高效能人士的七个习惯》的作者史蒂芬·柯

维已经在2012年去世了，但这段缘分，让儿子跟这个叫史蒂芬的年轻人成了朋友。很快史蒂芬就送了一本他的父亲亲笔签名的《信任的速度》给我儿子，还邀请他到自己家做客。两个年轻人成了很要好的朋友，一直保持着很好的交往。

一个人的能量层级会吸引跟自己能量相近的缘分。读书带给孩子的除了非凡的人生高度，还可能是优良的社交网络以及许许多多优秀的缘分。看似偶然的相遇，实则是必然的结果。

父母先做阅读的践行者

读书的习惯几十年来一直伴随着我，我对书的热爱从小养成且从未改变过。

我上学的时候书的来源不像如今这么充足，经常要跟同学借书看，因为借来的书都要尽快还，我经常通宵看书。

记得高考那一年，妈妈给足了我去县城考试的路费和吃饭的钱，可刚考完试，我就一头扎进新华书店里，除了留出回家的车费，我把吃饭的钱都用来买了书。

1985 年我们全家随父母工作单位的变动迁移到了深圳，1986 年深圳的第一家图书馆在福田区红荔路落成，为了办理一张借书证，我请了一天的假，排了大半天的队才办到了一张借书证。在我的青春岁月里，这张借书证给我带来了丰盛的精神食粮及无数美好的回忆。

孩子的爸爸也是一个爱读书的人，所以，儿子打小就经常见到爸爸妈妈在看书。儿子只有几个月大的时候他对我手上的书充满了兴趣，每当我看书的时候他就会用他的小手来抓我的书。于是我就在他的小床上放了一些适合娃娃看的书，不是为了让他看懂，只是培养他对书的兴趣。

听说犹太人为了让孩子对书产生好感，就在圣经上面抹上蜜糖，当孩子把沾着蜜糖的手放在嘴里品尝时，发现是甜的，于是小小的内心里，便对书本产生了莫大的兴趣与好感。所以，即使孩子暂时看不懂书中的内容，也可以先培养孩子对书的好感，让孩子从潜意识里将书和快乐联系起来。

儿子半岁左右的时候，我每天都会给他读书、讲故事。这时候孩子能否听懂不重要，重要的是让孩子感受依偎在妈妈怀里、听妈妈读书的感觉，这种感觉会进入到孩子的身体记忆里。孩子对书的好感，便在这样的过程中一点点地建立起来。

当父母读书的身影成为孩子成长路上一道美丽的风景时，孩子爱上阅读便是一件再自然不过的事情。

让孩子对读书产生渴求

父母的言传身教能让孩子对读书有天然好感，但要使阅读成为长期坚持的好习惯，孩子对读书得有渴求。如何才能让孩子产生对读书的渴求呢？

儿子小学三年级的暑假，我们一起到杭州西湖旅游，因为那个学期他的语文课本上介绍了三潭映月，他想去看看真实的三潭映月。

在经过京杭大运河的时候，儿子问我："妈妈，你知道京杭大运河是哪个朝代、哪个皇帝开凿的吗？修建京杭大运河耗费了多少人力、物力？京杭大运河在中国历史上有什么样的重要意义？"听到儿子这一连串的问题，我知道他是有备而来，所以我马上用非常崇拜的眼神看着他，用惊叹的语气跟他说：“哇，这些你都知道啊？太厉害了！妈妈的历史学得不是太好，你可以跟妈妈讲一讲吗？你是怎么知道这么多的呢？”

听了我的话，儿子很兴奋，滔滔不绝地跟我讲起了隋炀帝以及大运河的故事。原来儿子那段时间正在读《中华上下五千年》，而不久前刚刚读完了隋朝的那一段历史。

当孩子发现原来在某一个知识点上他懂得的比父母多时，他会有一种莫大的成就感。

父母适时示弱，可以更好地激发孩子内在的那一份成就感和价值感。为了给妈妈讲历史故事，他会更加努力去看更多的历史书，并且非常享受给妈妈讲故事的时光。读书带来的各方面的收获越多、越明显，孩子对于读书的渴求就越大。

那天，结束了一天的旅游回到酒店的时候，儿子把白天的游记写完了，我就继续跟他探讨隋朝的那一段历史。我问儿子：“隋朝是中国历史上承南北朝、下启唐朝的大一统王朝，可是为什么它只维持了38年就灭亡了？”儿子回答我说：“因为隋炀帝多次发动战争，劳民伤财，所以导致了民变，最后隋朝就被推翻了。”这时我就告诉儿子：“水可载舟亦可覆舟，得民心者才能得天下。做人做事不能只考虑自己，而是要多考虑别人的感受。”

教育无处不在。事情发生的当下及时引导孩子，会让孩子的印象更加深刻。发掘书中未尽之言，则更能激发孩子对探索书中知识奥秘的渴求。

当儿子上了小学，可以自己一个人看书的时候，他对各种童话故事很着迷，通常是做完功课就一直在看书，有时连吃饭都要催促，上洗手间还要带着书进去。家里给他买的书他读得非常快，往往还没到周末，上周买的书他已经读完，又吵着让我给他买新书。

大多数父母央求孩子多读书，而在读书这件事上我却是真的怕他读太多书，没有时间去体验生活。后来我对他看书做了适当的控制，限定一周只能看两本，如果书已经看完，那么可以把之前读过的书再拿出来读一遍。如果这一周的作业都达到了我们共同制定的要求，那么可以适当奖励多看一本书。那几年，每当他过生日，家里的亲人问他想要什么礼物时，他总是说：“可不可以带我到书城买书，而且不要限制我，让我敞开买？”这就是对读书的渴求。

当一个孩子对阅读有了渴求时，我知道阅读的根已经深深地在他的心里扎下，我要做的就是在孩子阅读什么书方面做一些引导。

在心理学中，仪式是极为重要的，仪式感能强化很多行为的意义。

给孩子一个独立的房间和独立的书柜，不仅可以增加读书的仪式感、提升读书的意义，还可以减少读书的阻碍。独立的房间可以保证孩子读书的时候不被打扰。独立的书柜是为了让孩子找书看的时候更加方便。如果孩子的书跟大人的书放在一起，孩子找书时就不容易找到自己想看的书，当下看书的兴趣就会降低。更为重要的是，当孩子拥有自己的书柜时，他会觉得读书很重要，有种很被重视的感觉。他有机会就想多买一些书，像爸爸妈妈的书柜那样，用书把它填满。

当孩子有了自己独立的房间和书柜的时候，他更愿意在自己的空间里以书为伴，在书的海洋里遨游。

无论家里的地方是大还是小，我们都可以设法把家布置成一个书房。

> 蒙曼教授是广受欢迎的一位学者，她从中央电视台的热门节目《百家讲坛》中脱颖而出，之后又走进了《中国诗词大会》，她渊博的学识给许多人留下了深刻的印象。她在分享自己成长经历的时候曾经讲到，她小时候生活在一个小县城里，爸爸妈妈都是非常热爱读书的人，他们家有二十几个书架，一般人家里客厅摆电视的位置，是他们家最主要的摆书架的地方，因为那个地方最大，可以放一排的书架。别人家装修的时候都说打组合柜、高低柜，而他们家就是打书柜，打得顶到天花板。在这样的家庭环境影响之下，蒙曼从小就爱上了读书，甚至到了“痴迷”的状态。

大部分人家的客厅里总会有一个电视柜，那么电视机后面的墙上以及沙发后面的空间，都可以做成悬挂式的书柜。孩子身处随手都能触及书的环境中，自然会对书产生一种亲切的感觉。书香文化就是这样营造出来的。

小玲贴士

想要让孩子爱上阅读，有三个重点：首先，父母要以身作则，成为阅读的践行者；其次，让孩子对书有渴求；最后，营造家庭的读书环境。

当孩子爱上阅读的时候，他在学习上的阻力会小很多，更重要的是，他的一生都不会寂寞。

第四章

你希望孩子永远进步吗？——培养孩子的学习能力

在养育孩子的道路上，孩子的学习成绩是父母无可避免的话题。在大多数家长眼里，孩子学习成绩不好，就是他的学习能力有问题，反之，学习成绩很好的人，学习能力一定强。因此，每次讲到关于如何提升孩子学习力的内容，家长就会特别有兴趣。学习成绩真的能代表学习能力吗？学习能力又该如何培养？本章我们就一起来好好探讨。

学习成绩不等于学习能力

郑渊洁老师是我国最优秀的儿童文学作家，被誉为“童话大王”，或许我们中有人就是读着他的童话故事长大的。郑渊洁创造了一个奇迹，他一个人写一本刊物《童话大王》写了 30 多年，累计发行超过 3 亿册。他三次登顶中国作家榜，是目前全球作品出版量名列前茅的中国作家。2013 年英国首相在访华期间还特意单独会见他，两人一起探讨儿童读物的问题，可见他在儿童文学领域的影响力是世界性的。

但是郑渊洁在学校读书的时候却不被老师看好，小学四年级的时候甚至被老师赶出了校门。

郑渊洁被赶出校门的经过是这样的：老师布置了一篇作文，题为“早起的鸟儿有虫吃”，结果郑渊洁把老师的题目改成了“早起的虫儿被鸟吃”，并洋洋洒洒写了一大篇内容。当时老师觉得权威受到了挑衅，所以不仅不允许他这么写，还要他当着全班同学的面作检讨，并说几百遍“郑渊洁是班里最没有出息的人”。当着他喜欢的女生的面，年少的郑渊洁觉得很没有面子，所以趁着老师不注意，一边作着检讨，一边在抽屉里把拉炮拉响了，怒火中烧的老师便要把他赶出校门。

所幸郑渊洁出生在一个很开明的家庭，小时候不管郑渊洁做错了什么，他的父母都不会打骂他，但是会要求他写检讨，而且每次的检讨都不能重复。不知不觉中，郑渊洁的写作能力竟得到了很大提升。这次闯了祸之后，他知道躲不过，于是在父亲回家之前，抢先写了四页纸的检讨等着爸爸。

郑渊洁爸爸刚进门的时候，脸上的表情很阴沉，就像雾霾天一样。可是当他看孩子的检讨时，看着看着脸上洋溢出了开心的笑容，雾霾也被大风吹得无影无踪。那哪是什么检讨，分明是一篇精彩的短篇小说，有故事，有情节，有悬念，有感受，郑渊洁爸爸惊喜地看到了儿子得天独厚的写作才华。

第二天爸爸带着郑渊洁到学校去向老师道歉，但是

> 学校没有再收留他，他被学校开除了。在回家的路上，爸爸对他说了：“没关系，小子，爸爸在家教你。”从那之后，郑渊洁虽然没有再上过一天学，但是后来他在事业上的成就是多少人难以望其项背的。

郑渊洁在学校不是老师喜欢的那一类孩子，学习成绩也不是很好，但是谁又能说他没有学习能力或学习能力不强呢？他没有去学校读书，靠着父亲的指导和自学，后来能取得这么大的成就，恰恰说明他是一个学习能力超强的人。而且，郑渊洁这样的案例绝不稀有。

因此，孩子的学习成绩不好，不一定是学习能力出了问题。学习能力虽然能影响学习成绩，但影响学习成绩的因素还有很多，有的可能是学习动力出了问题，有的可能是学习的方法需要调整，还有的可能是周围的环境对他产生了干扰。孩子成绩不好只是一个表象，透过表象看到问题的本质，才能用正确的方式去应对问题。

一时的学习成绩，一世的学习能力

学习的范畴非常广，相对应的，学习能力涵盖的方面也十分广博，如果仅限于提高学习成绩，那未免有些狭隘了。就比如说，善于把握学习的机会，也是学习能力的一种表现形式。

我的儿子上初中的时候，学校里来了很多外教老师，有意思的是，每个外教的门后面都贴着我儿子的电话号码，生活上遇到一些需要帮助的小问题时，他们不是去找学校的其他老师，而是找我儿子。比如说到银行交水电费、电话费，给有线电视和煤气开户之类的事情，都找他。有一次我问儿子："这些事你以前从来没有做过，现在怎么都懂了？"他说："开始确实觉得很麻烦，我不懂的时候就问学校的其他老师啊。现在这些事情我都非常熟练了。”

我继续问他：“帮助外教老师做这些事，你有什么样的收获呢？”他说：“收获太多了，我既可以帮助老师解决问题，又学会了许多解决问题的方法。最重要的是，通过帮老师办事我又多了很多学习英语的机会。我们班那么多同学在外面补习班学英语，他们花了钱，还没有我学到的东西多呢。”儿子后来还利用放学的时间帮助外教老师的孩子学中文。他发现书本上的英语跟生活中的英语应用有很大的差别，所以他在帮助外教老师的孩子学中文的过程当中，也提升了自己英语的应用能力。

儿子上大学之后，因为得到老师的帮助，进了学校的出版社做兼职。这是一个非常难得的机会，在这里工作不但能挣到生活费，还能学习到一些专业技能。儿子通过自己的努力，获得了老板和同事对他的认可。当他在一个部门做了一段时间把工作熟悉之后，他就跟老板申请到别的部门工作。无论在哪个部门他都把工作做得很让人满意。几年下来，他在这个出版社所有的部门都工作过，对每一个部门的工作流程都非常熟悉。儿子跟我分享这些经历的时候还跟我说：“虽然是做兼职，但是挣钱只是其中的一个目标，在挣钱的同时，我还要学到技术和本领。当时有人介绍我去当家教教中文，我没答应。虽然做家教比较轻松，挣的钱也不少，但是我在那个过程中没有办法学到新的东西。学英语已经不是我现在的需要了，所以我会选择其他的工作机会。”

在我看来，这就是孩子的学习能力，虽然跟学习成绩没有必然的关系，但其影响的是一个人一生的处事态度和方法，与之相比，一时的成绩根本微不足道。因此，我认为对一个孩子的人生来说，学习能力比学习成绩重要得多。

学习能力要从『小』中培养

学习分主动学习和被动学习两种。看电视、玩游戏这类靠外界的声音和图像强烈地刺激大脑的学习是被动学习。而主动学习是看书、听音乐、听大人讲故事、动手拼图、搭积木等。一旦形成了主动学习的模式，孩子的学习能力就会随着他的年龄增长不断地加强。

我们常说：“三岁看大，七岁看老。”孩子从小习得的习惯，会影响他的一生。所以从小培养孩子对书本的好感，培养他主动学习的能力非常重要。

儿子小的时候就特别钟爱书本，不管带他去哪里玩，哪怕就是去外婆家吃个饭，他都要在自己的小书包里面装上书本。

上大学期间儿子一共就回家两次，因为他会

利用各种假期去参加社会实践，安排假期在外面打工。在大学三年级的第一学期，他已经自己挣钱买了一辆二手汽车。工作之后，他却选择了坐轻轨上班。我问他缘由，他说："我的住处离单位比较远，如果开车的话需要40分钟左右，这段时间别的什么事也做不了。坐公共交通工具上班最大的好处是在路上的几十分钟可以很安心地看书，轻轨很稳，不会对眼睛造成太大的影响。一年算下来，我节省了很多时间，可以看很多的书。我是学经济学的，这笔账可不能不算啊。"

这样一看，他小时候的习惯不仅没有因为长大而改变，反倒"变本加厉"了。

孩子小时候养成的不论是好习惯，还是坏习惯，都会陪伴孩子一生。作为父母，前期的教育引导多下一点功夫，后面就省心省力了。如果孩子小的时候父母只图自己轻松，对孩子疏于管教，那么一旦孩子养成不好的习惯，等他长大后，难熬的日子就多了。改变一个坏习惯所要花费的精力，是培养一个好习惯所需要的精力的数倍。

我儿子小的时候除了喜欢读书，还喜欢拆玩具。我爸爸是一个有超强动手能力的人，家里所有电器坏了他都自己动手修理，我们小时候的玩具，包括后来孙辈们的玩具，还有学习的文具，哪里出问题了，都是他给修理的。我儿子小时候，知道玩具坏了外公会帮他修好，所以就经常把玩具拆开，等外公帮他修理的时候，他就在一边学。当时我知道这是儿子学习的方式，所以没有阻止他“搞破坏”。

儿子的动手能力一点点提高，高中住校的时候，就经常帮助班级和同学修理学习用具。在美国上大学的时候，需要在外面租房子住，拾掇房子、组合安装家具，全都是他自己动手。如果不具备这些动手的能力，就得请人上门服务，在美国人工非常贵，会增加很大的开支。

孩子动手的能力不是一朝一夕得来的，小的时候培养他的学习能力，许多事情不用刻意去要求，他就能掌握。从某种程度上来说，这也是孩子的一种生存能力。

教育无处不在。从“小”培养不仅仅是指从小时候培养，更是从细节培养、从各个方面培养。学习能力不是单纯的学习成绩，学习能力的培养也就不单纯是读书方面的培养。有些事情看起来很小，在教育中却很重要。

学习能力要在『大』中成长

很多熟悉我的朋友，都会说我教育孩子很轻松。我从来不陪儿子写作业，不关注他作业有没有做完，不检查他上课学什么，只有每到寒暑假的时候才把他的课本拿出来翻一翻，看看他学了哪些地方，然后我们好根据他的课本去定制旅行的线路。我也从来不给他报补课班，不给他额外增加作业的量。可是难道是我真的什么都不管，儿子就自动地让我如此省心吗？当然不是。

我会关注儿子从学校回到家的情绪状态，关注他跟什么样的同学交往，关注他的班级有什么事发生，关注他会跟我分享什么，也会很认真地批改他每天写的日记，关注他关注什么样的问题；我会关注他有没有坚持每天练毛笔字，有没有隔两天给外公外婆和爷爷奶奶打电话；我会关注他看什么样的课外书，通常孩子看的书我都要有个基本的了解，否则没有办法跟他交流。每个人都在用自己的方式“管”孩子，但是“管”的方向不同，感受就不一样，效果也会不一样。

其实，我曾经也是一个“包办型”的妈妈，对儿子的照顾可谓“无微不至”，吃穿用度、学习生活和人际关系等我都要管。儿子也习惯了这样的模式，很少有异议。可是我发现，在我细致的管理模式下，儿子的主动性越来越低，许多问题不再主动去想，许多事不再主动去做，包括主动地学习与探究。虽然儿子的学习成绩一直很好，在别人眼里也是一个很“乖”的孩子，可我知道，这并不完全是一件好事。儿子很多事都要征求我的意见后才行动，缺乏了主见。当我学习成长之后，我更加了解其中的道理，于是我把决定权还给了儿子，只要不是原则上的问题，我都让他自己去决定，或者我们一起商量着决定。

2016 年年底，我在东莞主办了一场父母专业课，当时儿子正好回家休假，我就带着他一起做会务顺便听课。课程的最后一天，主讲老师邀请他上台分享他的留学生活感受，儿子有一句话让我很感动，他说：“我很感谢我的妈妈，她从来不给我任何压力，无论什么时候，她总是无条件地支持我的决定。”

在“大”中成长的“大”就是信任和空间。学习能力是主动的能力，主动是需要信任和空间的，父母懂得给孩子空间，孩子才能有机会做他喜欢的事情，才有机会去绽放自己，才能为自己负责任。有些事情看起来很大，但实际上正是我们需要放手给出的空间。

小玲贴士

孩子的学习能力关系到他一生的成长进步，这远比分数重要。提升了学习能力，提高分数其实是水到渠成的事。

培养孩子学习能力的两个方面：从小事之中着手培养，“合抱之木，生于毫末”，细节不可不注重；在大事之中放手发展，毕竟即使是参天大树的苗子，处处修剪管理，最后也会变成盆栽。

第五章

你希望孩子自主抉择吗？

——培养孩子的选择能力

“成功的人生，由一个个适当的选择累积而成，你输的不是努力，而是选择！方向不对，努力白费。”选择的能力可以说是伴随孩子一生的必不可少的能力。在这一章的内容里，我将与大家分享：我是怎么从小培养儿子的选择能力的，以及儿子在面临择校、择业等问题时是如何自主决策的。

选择是解决人生取舍的关键思维

很多朋友问我：“你儿子为什么大学毕业后不直接读研究生，而是工作五年之后才去？”我觉得这是儿子在他的人生中做得非常重要也非常关键的一次选择。

当年儿子大学毕业之后就参加了研究生的考试，而且分数很高，达到了当时任何一所常春藤院校的录取分数线。我也曾经跟儿子沟通过要不要直接读研，但是儿子的决定是先工作，五年之后再读研。之所以是五年，是因为考研的分数五年之内有效。

当儿子说出他这一决定背后真实的想法时，我被触动了，因为当时他考虑的已经不单单是读研的问题，还考虑到了几年甚至是几十年之后可能会发生的问题，进而考虑了怎么去避免风险、怎么提升这项选择带来的价值。

他告诉我他的选择是基于以下几个方面的考虑：

首先，现在社会上有太多学非所用的情况。很多人读完大学甚至读完研究生之后才发现所学的专业不是自己喜欢的，或是发现所学的东西在自己喜欢的工作中派不上用场。要知道，大学本科四年，研究生两到三年，那可都是人生中最好的年华，如果在这期间所学的专业不能为将来的事业所用，那会是一件十分可惜的事情。所以他决定先工作，把本科四年所学的专业用到工作当中，确保这是自己所热爱的专业之后，再决定研究生的研读方向。

其次，他清楚世界一流的学校绝对不是分数够了就可以进去的。这些学校培养的是综合性人才，这些人才将来是要为全社会服务的，所以一个人的素养及综合能力尤为重要。如果本科毕业就申请一流的研究生学府，能够被录取的机会很小，必须有足够的社会经验，以及个人综合能力达到一定的高度才能增加被录取的机会。因此他决定先进入社会工作，同时不断提升和累积自己的资本，以便可以进入自己梦寐以求的一流学府继续深造。

最后一点，也是最让我欣慰的一点，儿子希望在这五年的工作期间挣到读研的学费，不再增加父母的负担。他经常说，他美国的同学几乎都是自己贷款读的大学，因为他们的文化是18岁就不再靠父母，他很认同这一点。所以，他觉得自己有能力也有必要自己挣钱读研究生，否则作为一个大学已经毕业的成年人还继续要父母负担学费，这不是一流学府要培养的人才。

基于以上几个原因，儿子选择了大学毕业之后先工作，再去读研。当他2020年申请研究生时，同时被多所常春藤院校录取，最后他选择了耶鲁。

人的一生都在选择，小到吃喝，大到梦想。任何一个选择，都不是单独存在的，后面会伴随更多连续的选择，而这些选择加起来会构成一个人未来的样子。

选择，本质上就是权衡利弊，进行取舍。作出好的选择，不仅需要舍得和自信，更需要全局思维和承担选择结果的勇气。

儿子能作出这样一个深谋远虑的选择，令我赞叹。他作出选择的思维能力也不是天生的，而是长期培养的结果。

给孩子选择的机会

选择能力是多种品质的结合。任何能力和品质，都要经历稚嫩到成熟，需要时间和经验的积累，选择能力的培养也不例外。孩子从小有机会做选择，长大之后才会有选择的能力。这么简单的一个道理，我却是付出过代价才明白过来的。

在前文中我说过，曾经我是一个非常严厉的妈妈，儿子对我的要求也是言听计从，很少有说“不”的时候。这实际上是不妥的，但我一直没有意识到，直到有一件事，极大地触动了我，也成了改变我的教育理念的一个契机。

大概是在儿子5岁的那一年，我带他到朋友家去玩，朋友家里有一个跟我儿子同龄的孩子，他们在一起玩得很开心。玩了一会儿，朋友从冰箱里拿了冰激凌给孩子们吃，我儿子吃了一口，马上就把冰激凌递到我嘴巴旁边，对我说：“妈妈，你快尝尝，这个东西可好吃了。”看到这个场景，我朋友很是惊讶地看着我说：“怎么，你从来不让孩子吃冰激凌吗？”那一刻，我心里仿佛被刺了一下。儿子从小经常扁桃体发炎，中医交代要少吃生冷的东西，所以我一直不让他碰那些我认为不健康的食物，他根本没有机会选择那些小朋友都喜欢的食品。

两个孩子在一起，朋友的孩子非常活泼，精力旺盛，而我的孩子看起来特别乖巧懂事，但他的身上缺少了这个年龄的孩子应该有的顽皮和活力。那一刻，我忽然意识到我给了儿子太多的控制，儿子的听话与乖巧其实是我剥夺了他选择做孩子的权利。从那一刻开始，我对我的教育理念有了很多的反思，开始有意识地调整自己。

爱孩子的本能，让我愿意去尝试改变。在朋友的帮助下，我走进课堂学习，开始了我的成长和蜕变之旅，这条路一走就将近20年。学习成长后的我，做的第一件事，就是把儿子对很多事情的选择权还给了他自己。

过去，儿子周末想跟同学去游泳，我总会提很多附加条件。比如说一定要先完成作业，把下周的功课预习好，在规定的时间回家，让家里的小姐姐陪着去，玩的过程中要注意哪些问题。即便我有这么多附件条件，儿子也从来不反驳，总是回答一个字：“好。”

学习之后，再遇到类似的情况，我开始控制自己，不再过多地管理儿子的一些生活细节。作业什么时候完成，功课什么时候预习，要不要小姐姐陪着他去，玩多久，这些问题我都让他自己决定。刚开始的时候，儿子有些不适应：“妈妈，真的吗？我可以决定吗？”我对他说：“是的，儿子，这些事你都可以自己决定，以前妈妈管得太严格，如今你慢慢长大了，妈妈要把决定权还给你。妈妈知道你是一个做事很有分寸的孩子，你自己会把自己的学习和玩的时间安排好的，对吗？”他很开心地说：“谢谢妈妈，你放心，我会安排好时间的，太好了，我可以自己去找同学了，不要姐姐老跟在我后面。游完泳我就回家，不会耽误学习的。”

就这样，我开始转变我的行为。只要不是原则上的问题，我都尽可能让儿子去作决定，比如他想参加学校的什么活动，报什么兴趣班，买什么款式的衣服鞋子，到哪里旅游，等等。当他需要我给他意见的时候，我会跟他一起讨论商量；他不需要我给他意见的时候，如果他的决定是没有原则性问题的，我都会尊重他的选择。儿子的选择能力就在这样的过程中一点一点被培养起来。

妈妈的改变可能只有一点点，但孩子的改变却是巨大的。短短几年，儿子不仅仅变得越来越阳光，甚至到了小学升初中的时候，学校都是他自己选的。

儿子成绩一直很好，小学升初中的时候考上了重点中学。他却跟我说他不想去那所学校，而想去另一所新办的私立学校，让我跟他一起去听新学校校长的招生宣讲。

如果是在我学习成长之前，这样的事是难以想象的，放着一所人人想去的重点中学不上，而要去一所连名字都没有听过的新的私立学校，这件事想想都觉得需要勇气。但是我知道我要改变，不能再做那个掌控和包办的妈妈，于是我跟儿子去了。我们连听了这所学校的两场招生会，我非常认同学校的办学理念，儿子也很喜欢这所学校，于是初中他就上了他自己选择的这所中学。

后来我问儿子："人人都想去那所重点学校，你为什么选择来新的学校？"儿子说："我觉得那所重点中学是人人都想去的，厉害的学生一定很多，到了那里我一定会被淹没的（儿子当时的性格比较内敛），而新的学校不只看重成绩，还看重整体的发展，所以我更愿意到这里来。"

很难想象，之前什么都要让妈妈作决定的一个孩子，几年之后竟然在这么重要的时刻敢为自己作决定，不得不说，这是我和儿子共同成长的力量。

正确引导孩子情绪，植入积极信念

许多家长不敢让孩子自己作选择，觉得孩子生活经验不够丰富，考虑事情不够周全，容易作出错误决定。有这样的疑虑再正常不过，但父母要做的是把孩子没有考虑到的方面分享给他，让他了解选择的多样性以及不同的选择方向将会面临的结果，之后让孩子自主作出最终抉择，而不是省略这一过程，直接替孩子作好决定。生活中发生的许许多多的小事，都是父母这样引导和教育孩子如何作出更优选择的好机会。

儿子上小学一年级的时候，家里请了一位小姐姐专门接送他上下学。

一天，我刚下班回来，儿子就跟我抱怨，说姐姐接他的时候去晚了，害他等了很久，姐姐做的饭也不好吃，给他练书法用的纸也裁得不整齐，总之就是一大堆的不满意。听完儿子的抱怨，我就问他："那你想怎么样呢？"他说："让她回自己家里去吧，我可以自己去上学，不用接送了，我不喜欢她，她太笨了。"

看着儿子一脸嫌弃的样子，我哭笑不得。我让他坐下来，很平和也很认真地跟他说："儿子，妈妈要上班，还要照顾你，回家还有很多事要做，你心疼妈妈吗？"儿子点点头说："我知道妈妈很辛苦，以后我会照顾好自己的，我也会帮你干活。"

我接着说："我知道你很乖，但是你现在还小，我们家离学校那么远，你自己上下学妈妈是不放心的。我想告诉你，姐姐不是专门来伺候你的，姐姐是来替妈妈分担一些工作的，包括接送你，她只是在帮我做本来应该我做的事，如果她回家去了，我就会更辛苦。你可以选择不喜欢她，但是她暂时还是要留在咱们家里帮我，你也可以选择跟她做好朋友，教她怎么帮你裁纸，怎么把菜做得合你口味。姐姐刚来不久，慢慢就会越做越好的。姐姐那么喜欢你，你感觉不到吗？"听了我的话，儿子已经不再生气了，只说了一句："我知道了。"

晚上吃过饭，他就开开心心找小姐姐下跳棋去了。从那之后，他再也没有说过让姐姐回家的话。

不同的选择就会有不同的结果，方向一变，问题不见。选择的背后是取舍，父母要懂得正确引导孩子情绪，关键时刻植入积极信念。这样生活就会变得不一样，人生也会更有意义。

避免轻率，为自己的选择负责

孩子的选择能力是需要在现实生活中一点一滴累积的，父母不光要给孩子选择的机会，同时也要正确面对孩子选择之后的结果。许多家长虽然让孩子作出选择，但出于对孩子的担心，总会在最后为孩子选择的结果兜底。这样实际上是极为不妥的。如果无论怎样选择，结果是好是坏都不用作选择的人自己承担的话，选择就会变得毫无意义，他们作选择的时候就会变得轻率，不加思考。如此，孩子即使从小获得选择的机会，选择的能力也不会提升，依旧不会思考全局、权衡利弊、规划未来。

前面我有谈到我的儿子面对一套他喜欢的英语学习教材和暑假旅游的选择，当他选择了买英语学习教材之后，我就一定不会再跟他去旅游。这不仅是金钱的问题，而是我需要让他知道，选择了就需要承担选择的结果，不然他就会产生一种错误的认知：虽然妈妈说我选择了英语教材就不带我去旅游，但最后她还是会带我去，我的选择背后其实是有很多的余地的，我其实也不需要为自己的选择付出什么代价。如果他习惯性地认为父母会为自己的选择兜底，他自己不需要为选择付任何代价，他就不会重视选择这件事，日后他就会轻率地、随心所欲地作出许多不理性的选择。

儿子从高中一年级开始，就有了出国留学的想法，当我了解了他这个想法之后，我和先生跟他有过很深入的沟通。我们把留学的利与弊以及留学和将来就业有可能遇到的问题和他作了深入探讨，儿子也表达了他自己的想法，最后的决定依旧是出国留学。儿子知道他的选择意味什么，但他很坚定地告诉我们，他会为自己的选择负责任。

我一个朋友的儿子跟我儿子同一年到美国留学，这个孩子头一年没有考上国内的大学，也不愿意上其他的专科院校，在家赋闲一年之后，他跟他父母说："要不就到国外看看吧，没准能弄个文凭回来。"他的父母同意了他的选择。但是由于英语基础不够好，刚去美国的时候，他不但听不懂老师在课堂上授课的内容，生活上也只能跟国内的同学来往，出去读书一年，连跟当地人沟通都很困难。第二年继续待了半年，他就辍学回国了。他这一折腾，花了父母一大笔钱不说，不但没有获得成果，还有很大的挫败感，他很长时间都没有从这种挫败感中走出来。

其实从这个孩子面对挫败的表现就可以看出，他对于出国留学这个选择没有做任何准备，甚至连最基本的语言都没有练习过，更没有承担失败的准备，可以说他决定留学是极其轻率的。之所以会这样轻率，就是因为没有自己承担过选择的后果，没有足够重视自己的决定。任何一种选择都会带来得或失的结果。如果这孩子能对“失”的过程进行深入总结，他也可以有另一种“得”。

每个人的成长都不可能是一帆风顺的，每个人的选择都需要付出代价。但是如果父母能够放手让孩子去经历，孩子便能够在一次次的选择中得到经验，获得智慧，未来就会少走许多弯路了。

全局思考，理性选择

儿子大学毕业后去全球四大会计师事务所之一的安永会计师事务所工作了三年。三年后儿子决定到另外一家公司工作，因为他觉得安永公司的运作他已经非常熟悉，想到其他的公司再锻炼一下自己。

那天上午，他发信息告诉我他要去向他的上司递辞职报告。当时我正好在外地讲课，中午结束课程之后，我算了一下时差，估摸着他一天的工作应该结束了，就打电话问他递辞职报告的情况怎么样。没想到，儿子哽咽着说："妈妈，今天我已经哭了半天了，现在这会儿感觉还没有哭够。"听了儿子的话，我有点意外，但是我很耐心地听他把话说完。他说："今天我去递辞职报告的时候，上司听说我要走，当场就哭了出来，接着办公室的同事们个个都哭了。这一下子让我非常难受。我甚至怀疑我的决定。我是不是不应该离开？他们对我这么好，我就这么走了，让我的领导这么难受，我是不是错了？这三年来公司给了我很大的成长机会。妈妈，现在我还在犹豫：我是不够负责任吗？我这个决定是不是不对的？”

听完儿子这番话，也不知道是不是因为母子连心，我心里居然有点酸酸的，上午儿子辞职，虽然我不在现场，但是感觉看到了全部。同事的不舍、失落，儿子内心的挣扎、彷徨，一幕幕画面全部涌现在我眼前。

我让儿子深吸一口气，平复了一下心情。然后对他说：“儿子，妈妈非常理解你这一刻的心情，因为你是一个重感情的孩子。同时我也觉得很开心，很欣慰你要离开的时候，同事们那么舍不得你、那么难过，这证明你把人际关系处理得非常好，你在你同事心目当中有着很重要的位置，他们很喜欢你，你也看重这段缘分。但是，儿子，妈妈想请你冷静地想一想：离开安永公司，是不是你经过深思熟虑所作的决定？我相信，你很清楚你为什么要离开、离开了意味着什么。关于你说到的负责任，我是这么看的：你为公司负责任最好的方式就是工作期间把自己的工作做好，同时协助你的同事把公司的事做好。对于你自己来说，换一个新的环境，让自己能得到更多的锻炼，就是对自己负责任的行为。一起工作了几年，你跟你的上司和同事有情感，舍不得离开，这是可以理解的，因为我也是这么过来的。往后的日子这种事你还会经历很多，你可以感性地面对，但是妈妈希望你理性地去处理。你们同在一个城市，以后你还可以经常回去看望他们。但是这一刻，我们不要因为情感，而束缚了自己的想法。”

我接着跟儿子聊了一会儿，他心情好了很多。我告诉他：跟随自己的心，去作不让自己后悔的决定就可以了。

第二天儿子心情愉快地打电话告诉我，他的领导跟他谈话了，说虽然舍不得他走，但是也希望他能有更广阔的地方发挥才能优势。即使以后想回来，这个大门也永远为他敞开。

那一刻，我感受到儿子内心得到了滋养，没有彷徨和迷茫，剩下的全是光明和感恩，他的生命力也因此得到了绽放。

在面临人生选择的重要路口，要立足当下，更要从长远角度思考。只有保证视野开阔，才能够看到事物的全貌。这样，在思考和决策的时候，思维盲点就会相应减少，在人生的十字路口作出更好的选择。所以在选择方面，我始终让儿子保持理性，只有理性思考、冷静取舍的人，才能作出对的决定。

小玲贴士

每个选择会构成未来的样子。

培养孩子选择的能力的三个方法：1. 给孩子选择的机会；2. 正确引导孩子情绪，植入积极信念；3. 利用全局思考方式，在人生十字路口作出最好的选择。

第六章

你希望孩子笑对逆境吗？——培养孩子的逆商

没有人一生都是一帆风顺的，年轻人不可能在社会中一下就站稳脚跟，在社会中站稳脚跟需要不断历练，在这个过程中会承受一次又一次打击，面对一次又一次逆境。

究竟孩子要拥有什么样的心理素质，才可以从容面对逆境而不是一击即溃呢？在这一章的内容里，我将跟你一起探讨“让孩子对逆境说‘嗨’”这个话题。

逆商决定人生高度

在人的一生当中，抗逆境的能力有着至关重要的作用。人的一生是否能取得成功，除了智力商数和情绪商数，不可忽略的就是逆境商数。智力不相上下的一群人，最后脱颖而出的，往往就是面对逆境的时候，有着超强适应能力的人。

“天将降大任于是人也，必先苦其心志，劳其筋骨，饿其体肤，空乏其身，行拂乱其所为。”实际上，每个人在一生中都会遇到各种各样的困境，我们可以认为天降大任于每一个人，但只有突破困境的人，才有资格担当大任。

2020 年初以来的新冠疫情给全世界都带来了巨大的冲击。面对同一个困境，我们中国最早控制住疫情，实现复工复产。无论是医疗水平还是经济实力，中国都不是世界第一，为什么却能成为世界上疫情处理最快的国家呢？我认为，这是处理困境的能力的体现，这种能力根植于数千年依旧璀璨的中华文明当中。这种能力，在某一个人身上，我们就可以称之为“逆商”。在历史的长河中，有许多人“才能不及中人”，但能凭借处于困境时的出色应对，成就非凡功业，名留青史。与之相对的是许多名噪一时的“天才”，偶一失利，就一蹶不振，最后泯然众人。由此可见，在对一个人人生境遇的影响上，逆商远比智商、情商等更为重要，它能够填补甚至超越很多其他能力上的差距。

我的儿子刚到美国上大学的时候，很不适应环境的改变，无论是生活还是学业，都受到了很大的影响。结果第一个学期，他的美国文学课考试只拿了一个C，对整体的成绩影响很大。这对于成绩一向都很好的他来说，是一个非常大的挫折。

为了把英语学好，他抓住所有能利用的时间看英文小说、报刊，然后不停地写各种文章来磨炼自己的英文写作能力。到了大二的时候，他的文章就在耶鲁大学的生物医学杂志上发表了，彻底攻克了英文写作的难关。

还有一件事让我记忆犹新。

> 大学毕业刚刚工作不久，儿子就报考了国际注册会计师。当时他在安永会计师事务所上班，工作很忙，压力也很大，要备考不是一件容易的事。但是儿子给自己定下了目标，大学毕业第一年就要拿到国际注册会计师的资格证。
>
> 为了实现这个目标，他每天都要保证三个小时的学习时间，如果晚上10点下班回到住处，他就要学习到半夜1点，如果半夜下班，他就要学到凌晨三四点，既要应付白天忙碌的工作，晚上回来还一刻不停地学习。就这样，对于大多数人来说要用几年的时间才能考下来的国际注册会计师的资格证，他只用了两个月的时间备考就考过了。

儿子具备这样的心理素质，我很欣慰。正因为他这份化压力为动力的心态，在成长的道路上遇到不如意时，他能迅速调整好心态，从容面对。这就是逆商带来的优势。

为什么说逆商越高的人越厉害？因为他们有惊人的反弹力，面对困难会迎难而上，努力抗争。正如任正非所说，烧不死的鸟是凤凰。人生不可避免地会遇到各种逆境，而逆商决定了一个人最终能走多远。

逆商源于对父母的复刻

虽然逆境不可回避，但是面对逆境的态度是完全由每个人自己决定的。

面对逆境时，有的人会选择发泄情绪，生气、愤怒、怨天尤人；有的人会选择逃避，自欺欺人；还有一些人，会选择接纳、面对，用主动乐观的态度去寻找方法和可能性，应对逆境。这些选择，孰是孰非，不辩自明。

在新冠疫情暴发的初期，国人都按疫情管控的要求居家隔离，非必要不外出。有些家长因为生活受到了影响，没有管理好自己的情绪，每天在家长吁短叹、怨天尤人，甚至天天跟家人置气。孩子每天看到家长这样的状态，情绪自然也是极度低落，网课也不上，书也看不进去，除了吃饭睡觉就是玩游戏，颓废度日。他们在父母的身上学会了用被动消极的态度面对逆境。

一个成人遇到逆境时习惯于抱怨，这种模式就像病毒一样容易传染给孩子。当孩子也学会抱怨，他就把生命的主动权亲手奉送给了他人和环境。小的时候抱怨同学、抱怨老师、抱怨环境、抱怨父母，长大了抱怨工作、抱怨同事、抱怨领导、抱怨生活。这样的人，成功的概率可以说是零。

我不是一个天生就懂得用正确的方式应对问题的人。我以前也常常被情绪掌控，当逆境来临的时候，我会伤心，会生气，会委屈，会愤怒，有时甚至会迁怒于他人，让身边的人对我退避三舍。

因为情绪管理能力太差，我吃了太多的苦头，终于开始学会向内洞察自己。经过学习成长之后，我逐渐拥有了管理情绪、面对逆境的能力。

我儿子上小学二年级的时候，我家住到了深圳布吉关外。当时的关口没有撤除，每天上班时间进关的车辆以及晚上下班时间出关的车辆，都要在关口排起长长的队伍。要过关，少则半小时，多则一两个小时。我们每天花在路上的时间非常多，有时回到家里已经是晚上八九点钟，儿子到家已经疲惫不堪，难免会有抱怨。但是我很清楚，抱怨是没有任何作用的，面对逆境的时候只能想办法面对，于是我决定学开车。

当时会开车的人不多，买车的人就更少了。为了解决这个问题，我想了很多办法，在家人的支持下把车买了回来。车子买回来之后我就去考驾照，直到把车开得得心应手。然后我就陪儿子到书城，买了很多他喜欢的讲故事的光碟和学英语的光碟，每天堵车的时间便成了我跟孩子一起听故事、学英语的时间。之前让人心烦的堵车场景，现在变得有趣且有价值。

回想当初，儿子学英语，有一大半的英语光碟都是在车上听完的。如今偶尔听到那些熟悉的英语歌曲，我马上就会被拉回那一段与儿子相处的独特而美好的时光。

正是由于这样的经历，儿子在往后的日子里遇到困难时，几乎从不抱怨，而是积极想办法去解决。

每个人都会遇到逆境，面对逆境，抱怨是最无用的。唯有想办法应对，才能解决问题。而父母面对逆境的态度一定会被孩子看见、吸收，最后成为他自己的逆商。

放手让孩子去经历

面对人生中的困境，除了学会正确应对的方式，还需要积累丰富的经验。许多孩子“输不起”，无论学习还是玩耍，如果不如别人，就会大喊大叫，或者垂头丧气。这些现象其实都是父母从小过度保护的结果。

应对逆境的能力是需要从小培养的。我们常见到一些成年人面对挫折时不堪一击，却不知道他们的脆弱早在儿童时期就已注定。父母过度的保护使他们丧失了独自面对困难的机会。没有面对逆境的经验，没有在小挫折、小磨难中锻炼过自己，直接面对成年后的风雨怎么能顶得住呢?

所以，在陪伴孩子成长的过程中，可以放手让孩子去解决他面对的大大小小的问题，当他寻求父母支持的时候，父母可以从旁引导，但是不要代替他去解决问题。

自从新冠疫情全球性暴发以来，网上一片焦虑恐慌，因为在国外读书的孩子一时不能回家而着急上火的父母，不在少数。我自然也接到不少朋友的关心问候，说怎么不要求孩子回家来，现在外面太危险了。说心里话，作为母亲，这个问题我不是没有考虑过，但是我想得更长远的是，儿子总是要自己去面对他人生的逆境的，今天我可以把他叫回家来，那如果将来有一天我不能成为他的依靠了，他怎么办？不如在这个时候跟他一起去经历、面对，让他在成长中磨炼心性、坚强意志。

疫情期间，儿子在美国的住处居家办公，我们经常在网上交流，一起讨论疫情的问题，讨论为什么美国人和中国人在面对疫情的时候会有那么大的反差。我们从中美生活方式的不同，聊到了两国民众的收入，最后谈到了中美的文化差异。归结起来，中西方不同的文化，是人们应对危机不同反应的根源。同时我们看到了中国几千年传统文化的博大精深。我适时给儿子建议，让他把《论语》《大学》《中庸》《三国志》这些经典找出来，抽空好好地再读一读。

就这样，在疫情的特殊时期，我和儿子虽然没有在一起，但增加了许多交流的时间。身在异国他乡，又不能出门的那一段日子，儿子感受到了父母的爱和支持。

同时，这段时间比较深入的交流，让我对儿子有了更多的了解。他遇事从容淡定，有自己独立的思想，不从众，冷静平和，这样的心理素养是应对问题的关键。我也非常相信，无论在哪里，他都是有能力去经营好他自己的生活的。

这是最好的时代，也是最坏的时代。苦难对于弱者是万丈深渊，对于强者却是机遇。真正有本事的人会在磨炼中绽放光彩，而当孩子拥有面对逆境的勇气和力量的时候，他就能掌握命运并对逆境说“嗨”。我觉得笑对逆境，是面对逆境最好的状态。

小玲贴士

逆商决定一个人的人生高度。父母没有“条件”也要创造“条件”让孩子去经历、去体验。

培养孩子逆商的最好方式，就是从小让孩子自己去解决他面对的问题，当他需要父母支持的时候，父母可以引导，但是千万不要代替他去解决问题。

第七章

你希望孩子自立自强吗？

——培养孩子的自律能力

做家庭教育的这些年，经常听到一些家长说，一天之中，最让人劳累的不是上班，而是下班，因为下班意味着要回家守着孩子做作业，这份工作可谓是让人心力交瘁。

有没有可能让孩子自发自觉地学习，而家长做一个“甩手掌柜”呢？当然可以。不仅可以，甚至是必须的。孩子终究会长大，要独立，父母无法永远管理孩子的一切。因此，父母需要培养孩子的自律能力。培养孩子的自律能力，不仅能减轻父母的负担，更重要的是，让孩子长大脱离父母的监护后，依然能够自我约束，健康积极地生活和发展。

自律的孩子有明确的生活目标

我曾在本书第一辑第三章的“梦想在心，动力不竭”一节中，提到我的儿子以出国留学为目标而制订严格计划学习英语的事情。其实，他不只是在学习上有清晰的目标，在生活中的自律有时也让我惊叹。

儿子上大学的头两年，每个假期都要去打工，还要利用假期选修一些课程，所以都没有回家。他大三的寒假，我就去美国看望他。

那天我们正在超市购物，一个亚洲面孔的中年男人来到我们跟前，很有礼貌地跟我们打招呼，然后用英语跟我的儿子交流起来。后来我才知道他是一个韩国人。他是一名牙科医生，拥有自己的私人诊所，他发现我儿子的牙齿不光整齐，还非常洁白光亮，于是他希望我儿子可以给他的诊所做牙齿的广告，他可以付费，还可以长期免费帮他做牙齿的护理。儿子非常礼貌地感谢了他的关注，同时也婉言拒绝了他的邀请。

我非常清楚儿子是如何拥有这么漂亮的一口牙齿的。他常常跟我说，牙齿干净洁白既是对别人的尊重，也能体现自己的涵养，与人交往的时候，别人对你的第一印象跟牙齿有着很大的关系。为了保护好牙齿，他多年来不喝包括咖啡、可乐、茶在内的所有带颜色的饮料，只喝水。每餐饭结束之后，只要有条件，他都要刷牙，先是用牙刷，再用牙线，最后用漱口水。有的时候我觉得他对自己有些苛刻，他就会说，凡事有得就有失，再说这些失的都是小事，跟他得到的比起来，不足挂齿。

儿子的自律有时让我自惭形秽，因为他能做到的，很多我都难以做到。而他能保持如此自律的一个很重要的原因就是目标明确。有了明确的目标，就有足够的理由和动力以及标准来管理自己的行为，也可以说，有了明确的目标，就有了自律行为产生的前提条件。

自律的孩子懂得『慎独』

是否自律在独自一人的时候最能得到验证。

“慎独”一词，出自儒家著作《礼记·中庸》：“莫见乎隐，莫显乎微，故君子慎其独也。”它告诉人们从最隐蔽、最细微的言行上就能看出一个人的品质，因此君子即使是独处的时候，也能严格要求自己，自觉遵守道德准则。从隐藏处、细微处要求自己，自律就是这样点滴积累而成的。

能够做到慎独的人，都有一份无须提醒的自觉。

儿子从小学开学的第一天开始写日记。开始的时候由我引导他，告诉他为什么要写日记、写日记有些什么样的好处以及怎么写日记。然后就由他单独完成，我只负责每周检查一次，给他做一些批注，告诉他哪些地方写得好、哪些地方换一个方式去写会更好。重要的是，儿子在写日记的时候表达出来的对一些问题的看法，我可以及时了解并跟他沟通。我跟儿子约定，他 14 岁之后我就不再检查他的日记，他想怎么写都可以。

儿子刚开始写日记的时候，认识的字还不够多，经常会用拼音替代汉字，我检查他日记的时候需要很仔细读才能明白他要表达的意思。对刚开始学习写日记的孩子，父母的要求不要太高，写多少字、写什么内容都可以，重要的是在这个过程中常常给予认可和嘉许，让他获得一份好的反馈。这样，他才会持之以恒地把这件事做下去。

就这样，儿子从小学到初中一直没有停止过写日记，现在还留在家中的几十个日记本就是他成长的最好的记录，也是他最宝贵的人生礼物。不光是在写文章的时候常常让老师惊喜，他那种善于思考的能力更是坚持写日记带给他的重要收获。

写日记的过程也是不断提醒自己和修持自身的过程。一个人能坚持做好写日记这件事，他的心性也会在这个过程中得到非同一般的成长。

出国之前有一段时间孩子不停练习一种新的发音，为了吐字清晰标准，有时他还会含着小半口水练习。我问他那是什么发音，他说那是西班牙语，跟英语的发音有很大的区别，开始练习的时候会比较费劲，习惯了就好。我问他为什么要学习西班牙语，他说西班牙语是美国的第二大语言，要想更好地了解美国的文化，就需要多掌握一门语言。

儿子上了大学之后，在周末去做志愿者时接触到很多墨西哥裔美国人，他们大多数都不讲英语而是讲西班牙语。儿子很感慨地说："幸亏之前有在学习，不然就没有办法跟那些墨西哥人很好地沟通了。"去美国不久，儿子已经可以讲一口流利的西班牙语，这些都跟他自身的努力分不开。

对自律最大的考验并不是他人的监督，而是自身在人前人后的统一。"慎独"是自律的体现，也是维持自律的力量，是自律的保障。

自律养成离不开父母示范

培养自律的第一点，就是要让孩子感受到父母的自律。每个孩子的成长，都离不开家庭的影响，孩子自律的养成也不例外。在陪伴儿子成长的过程中，我的自律对他是有非常大的影响的。

我从小热爱读书，几十年来从未间断过，我每一年阅读的书都在50到60本之间。

几十年来我还坚持写日记，家里大大小小的日记本有好几十本。

自从开启自我成长之后，我一边工作，一边不间断地学习。我一方面在培训行业找到了自身的价值感，一方面要平衡家庭与事业的关系。我在不能辞职的情况下，一直利用所有的业余时间去学习、讲课、做个案。三年前我办理退休的时候，下午刚刚交完班从单位走出来，外面已经有车辆等着我去讲课，我的职业生涯真正做到了无缝对接。我可以实现自己的梦想，在退休后全力以赴做我喜欢的家庭教育，这是一件成人达己的事情。

一件事坚持做一段时间不会太难，但是能够持续地做若干年，就会变得不简单。无论是读书、写日记，还是同时兼顾家庭、学习和工作，我都凭借自律坚持了下来。

正是多年的自律坚持让我如今的人生有了更多选择的自由。对于这些，儿子是看在眼里的，这也成为他行动的模板。

除此之外，父母对待承诺的态度，也会影响孩子兑现承诺以及对自律的养成。

自律，可以说就是完成对自己的承诺。有些父母明明答应了周末带孩子去吃大餐或者去外面玩，但是如果期间孩子有考试而成绩没有达到他们的要求，他们就把自己不兑现承诺当成是对孩子的惩罚；有的父母会因为自己突然有别的事情，就轻易违背自己早就对孩子许下的承诺，同时又轻易许下下一个承诺。如果父母自身都不重视承诺，我们又有什么样的理由去要求孩子重视承诺呢？一个不懂得重视和遵守承诺的人，他又如何能做到自律呢？

因此，培养孩子的自律，父母首先就要从自己做起，无论是日常的生活习惯，还是自己曾作出的承诺，都不能忽视。

自律养成离不开信任与尊重

培养自律的第二点，是尊重与信任。自律和其他品质的养成是不同的，自律是对自我的约束，他人的叮嘱与管控越多，越会破坏掉孩子对自我的约束，阻碍自律能力的发展。想要培养孩子的自律，就必须给予他信任和尊重。

2001 年儿子小学二年级时，我家买了第一台台式电脑。关于要不要给孩子买电脑，当时社会上有很多的讨论，很多家长认为孩子不能把控玩电脑的时间，会影响学习。但我认为电脑是有很多好处的，它可以让孩子增长知识，开阔视野。时代在发展，孩子如果不懂电脑那是一件难以想象的事情。因此我就跟儿子商量如何分配用电脑和学习的时间。最后商量的结果是，他每周一到周四专心学习不用电脑，周五、周六、周日可以用，每次用的时间是晚上的6点到七点半，如果做到了，那么下一周可以继续用；如果违反了规定，我就要给电脑上密码，他什么时候能用决定权在我手里。

儿子很了解我，我是一个说到做到的人，同时我也很遵守对他的承诺，答应他的事，不会轻易改变。在儿子用电脑这件事上，我从来不食言，不会因为要考试或者作业多等别的因由剥夺他用电脑的时间。电脑就放在客厅里，我从来不给电脑加密码。

当我这么做的时候，儿子也很守承诺，每次都按我们的约定去用电脑，从来不超时。有几次我不在家，儿子到时间就自己用电脑。让我感动的是，家里阿姨告诉我，儿子就把闹钟调好放在旁边，时间到了就赶紧把电脑关掉，哪怕游戏还没有结束。后来我跟儿子聊天时谈起这事，他说："妈妈你守承诺，我也一定要守承诺，不然你把电脑加了密码，我以后就没机会用电脑了。"

就是有这样一份信任和承诺，儿子从小感受到了被信任和自律的甜头，慢慢养成了自律的习惯。这种习惯后来帮助他在学习和工作上取得诸多成果。

当然，即使父母给予孩子信任和尊重，他也不一定能做到完全自律。因为孩子正在成长，正是他缺乏抵抗诱惑而自律的能力，我们才要培养，如果他已经能完全自律，我们的所谓培养就无从谈起。所以，父母给出信任与承诺后，即使孩子一时没有完全抵挡住诱惑，也并不意味着就要丧失对孩子的信任与尊重。当孩子做到自律的时候，我们要适时肯定和嘉许他；当孩子没有做到自律、违背承诺的时候，只要按照事先的约定给予惩罚，让他去承担这个结果，他依然能确立规则意识，在之后的过程中逐渐做到自律。

现在很多孩子没有节制地玩电子产品以致耽误学习，他们的父母感到非常焦虑，其实这就是没有立好规矩导致的。给孩子立规矩，不是等到问题发生了才去做，而是在孩子还很小的时候就开始重视规矩，并且有原则地去执行。唯有这样，孩子才能从小拥有规则意识，进而才能遵守规则。从遵守跟别人约定的规则，到遵守与自己约定的规则，这是培养孩子自律的非常重要的过程。

小玲贴士

自律的孩子有明确的生活目标，即便独处时也能自觉。因为他能管理好自己，在以后的人生道路上，他能获得更多成功的机会。

父母永远是孩子的榜样，高度自律的父母能养出高度自律的孩子。尊重并信任孩子，是培养孩子自律的重要养料。

第八章

你希望孩子前途无限吗？——培养孩子的格局

或许你曾听过这样的一段话：当你从80楼往下看时，看到的全是美景，但当你从二楼往下看时，看到的全是垃圾。人若没有高度，看到的全是问题；人若没有格局，看到的全是鸡毛蒜皮。

格局影响人看待问题的角度和处理问题的方式。大格局的人会从更长远的时间、更广阔的空间来考虑问题，规划自己的人生，从而拥有更远大的前程。

格局影响人生走向

有句老话是这样说的：再大的饼也大不过烙它的锅。烙出的饼的大小，会受烙它的那口锅的限制。如果说这张烙饼的大小象征的是一个人的人生发展，那么这口锅就是所谓的格局。

我的童年，是在一个部队的疗养院度过的，那是一个风景如画的山区。

我的父亲非常注重对孩子的培养，所以有机会总要带我和我的弟弟妹妹到大城市去，让我知道大山之外，天外有天。因此从小我就知道这个世界很大，有很多东西是一辈子生活在大山里的人难以想象的。

因为去大城市的机会难得，我总是不断地让

父亲给我买书，我要通过读书去了解大山外面许许多多新奇的事情。

在那个物质匮乏的时代，父亲能提供给我的书是非常有限的，根本满足不了我阅读的需求。于是我就想其他办法：到疗养院那个不大的图书馆去借书，向同学借书，跟人交换书阅读。

初中时我有一个关系很好的同学，她家里条件比较好，她爸爸妈妈给她订了很多的青少年读物，于是我一到周末和假期要么一整天泡在她家里看书，要么就一趟趟地借书还书。

那段时光所看过的书以及同学家门口的那棵白玉兰树的芬芳，至今都让我难以忘怀。

从那时候开始，我的心里已经装着另外一个大大的世界。

我读书的习惯从那时候开始被培养了起来，从此无论到什么地方，我总是与书相伴。等我有了孩子之后，也把这个习惯传给了孩子。孩子从书中也对这个世界有了不一样的认知。

儿子小学三年级的时候，有一天他问我：“妈妈，深圳是不是全中国最好的城市？为什么书上说北京和上海历史悠久？”我告诉他说：“深圳是一个最年轻最有活力的城市，但它的历史很短。北京、上海比深圳大很多，历史也长很多很多。”

儿子要求我暑假的时候带他去上海。根据他当时课本学习的内容，我就安排了华东五市的行程。当时的上海已经进入了高速开发的阶段，浦东新区正在日新月异的发展中。参观了高速发展中的上海之后，儿子在日记里写道：“原来中国有比深圳更大更漂亮的城市，以后我一定要好好读书，到更远更先进的地方去学习最先进的科学技术，长大后做一个有本领的人。”

儿子上高一的那一年，为了让他看到一个更宽广的世界，我给他报名参加了当时学校组织的美国游学团，在美国参观学习了一个月的时间。这段时间的经历，再一次拓宽了孩子的视野，为他后来选择出国留学奠定了基础。

如果不是从小一点点拓宽儿子的视野，提升他的格局，或许他的人生走向就会改写。也许，他会过上一种小富即安的生活。但今天儿子对他的未来却有了完全不一样的规划，他希望年轻的时候，可以学习到最前沿的知识，将来无论在世界任何地方，他都可以用自己的知识和智慧去服务社会。选择去耶鲁，也是基于他的理想和目标。

当孩子的格局突破了出生地这个范畴的时候，他就会走向全国；当孩子的格局突破了中国这个范畴的时候，他就会走向世界。拥有不同的格局就拥有不同的人生状态，真正高格局的人站得高，看得更远。

价值观与见识 影响孩子格局

孩子价值观的形成与父母及生活环境的影响息息相关，所以有句话叫作“父母是孩子的天花板”。如果父母的眼光只看到眼前的利益，那么孩子往往很难走得很远。

儿子刚刚出国留学的那两年，经常会有朋友或同事问我：“你就一个孩子，为什么舍得让他去那么远的地方读书？一年也见不上几次。难道你不希望让孩子留在身边吗？”每次听到这样的问题，我都会思考：“是我不够爱孩子吗？为什么别人会问我这样的问题？”后来我想明白了：他们没错，我也没错，只是每个人价值观不同而已。

我很清楚地知道，虽然儿子经由我来到这个世界，但是我并没有权利去控制他的人生，因为他不属于我个人。每个孩子来到这个世界，都有属于他自己的独特的人生使命。作为母亲，除了支持儿子实现他的理想，我还能做的事情就是给予他最好的祝福。因为父母的爱有多宽，孩子就能飞多远。

除了价值观，见识对提升一个孩子的格局也很重要。读万卷书，行万里路，都是增长见识的重要途径。

> 值得庆幸的是，二十年前我就有了游学的理念。
>
> 从儿子小学一年级开始，我每个假期都安排长短不一的行程带儿子去游学。根据他课本学习的知识定制旅游线路，让他能够把书本里的世界与真实的世界做一个很好的融合。在本书第一辑第三章“脚踏实地，检验梦想”一节，我已经跟大家讲过我带儿子去过的很多地方，每一个地方都会给他留下不一样的印象。看古迹能让他对中国历史有更直观的了解，了解了历史，他的得失心就不会那么重，因为很多事情眼下看来是了不得的大事，但放到更长的时空去看就没有什么值得计较的了。看名山大川就是为了让他领略大自然的神奇美妙，同时拓宽他的视野和心胸。在庐山，我们看到了李白诗中“飞流直下三千尺”的瀑布，也看到了毛主席笔下“无限风光在险峰”的锦绣谷，儿子当即对学到的诗词有了更深的理解，同时也认识到：所有的成果都不会轻而易举得来。最好的风光需要付出辛苦才能领略，人生的成果同样需

要付出努力才能获取。

许多人生的道理都不需要父母喋喋不休地向孩子灌输，他在旅途过程中悟出来的道理，足以让他一辈子受益。孩子格局的提升，也就是水到渠成的事了。

三个法宝提升孩子格局

法宝一：读书

读书是让孩子提升格局的不二法门。通过读书可以足不出户而知天下事，用最少的成本增长见识，拓宽眼界。

在孩子读书的时候，父母若能做好引导，帮孩子选好书本，让孩子在书中了解古今中外的成功人士的心路历程，在这样的读书学习的过程中，孩子会不知不觉被影响，从而形成正确的价值观。

读书既能拓展孩子的见识又能塑造其正确的价值观，提升格局自然不在话下。

法宝二：游览历史人文景点

我的儿子之所以在初中的时候就已经开始为将来出国留学做种种准备，跟他常去游学是分不开的。走的地方多了，孩子的眼界就会不一样，梦想和格局都会因此放大。旅游，不仅是去欣赏秀丽的山水风光，去体验热闹繁华的人间烟火，更重要的是去了解这些风景背后的文化底蕴或历史斑驳，去见识真正的历史。

儿子在高二那年说想出国留学的时候，我们之间有过一番对话。

我问他："你的成绩这么好，在国内上一所好的大学是没有问题的，你为什么会想出国留学呢？"

儿子是这样回答我的："妈妈，咱们国家研究'两弹一星'的所有科学家全部都是出国留学回来的，周恩来总理和邓小平爷爷在他们年轻的时候也都留过学，留学可以学到国外更多先进的技术，将来可以有更多的机会为国家尽力，为荣耀我们的家族尽力。"

当我听到儿子这样的回答时，我知道，他已经做好了准备。

在游学中了解了中国曾经贫穷落后、被人欺凌的岁月，了解到周总理"为中华之崛起而读书"的壮志豪情，孩子体会到读书不再是个人的事情，他开始希望将来为祖国的发展尽一份力。这就是游学带来的格局提升。

法宝三：兼济天下

儿子上初中就开始住校，初一第一个学期过了将近一半的时间，有一次周末回家，他要求我跟他的班主任说一下，给他换一个宿舍。我就问他换宿舍的原因，他说跟他同一个寝室的另外两个同学不爱学习，在宿舍总是聊天，晚上熄灯的时间到了还不睡觉，早上该去运动的时候还在睡觉。儿子觉得跟这样的同学住在一起会影响到自己的学习，想跟一些积极上进的同学一起住。按理说，听到儿子有这样的想法我应该开心，并且应尽快想办法达成他的愿望。

可是，我没有这么做，我觉得引导儿子的机会来了。于是我就坐下来跟他聊。我说："儿子，你不是从小就很崇拜你舅舅吗？你说长大之后要像舅舅那么厉害，那你知道舅舅现在在单位里管理多少人吗？"儿子回答说："我听舅舅说了，他现在的下属有好几千人。""你虽然想着以后要像舅舅那么厉害，现在却连两个同学都影响不了，那你以后又如何能去管理几千人呢？"儿子听完我这番话愣住了，过了一会儿才接着说："妈妈，我明白了，我知道怎么做了。换宿舍的事你不用管了，我自己可以处理。"

挺长一段时间过去，我没有再听儿子提起过换宿舍的事情。到了将近学期结束的时候，我问儿子："你后来换宿舍了吗？"儿子说："我没有换宿舍啊，那次你跟我说了要影响我宿舍的同学，我做到了。现在我们早上一起去锻炼身体，晚上在宿舍一起学习，我们处得很好呢。"

穷则独善其身，达则兼济天下。但即使暂时只能独善其身，心中也该常怀兼济天下之念。当孩子有能力影响别人时，他的影响力和格局就会慢慢变得越来越大。这是一个提升自我格局的好机会。遇到这样的情况，如果孩子自己意识不到，就需要家长作出适当引导。生活中的小事里面蕴含着许多成长的契机，父母要善于把握机会引导孩子。

小玲贴士

拥有不同的格局，就拥有不同的人生状态。真正高格局的人，站得高，看得更远。

一个人的格局是由他的价值观、见识和成长环境塑造的，父母的价值观会直接影响到孩子。

提升孩子格局的三个法宝：一是读书，让孩子跟书中的伟人对话，开阔认知；二是带孩子游览历史人文景点，在过程中深化孩子的认知与感受；三是抓住机会引导孩子懂得兼济天下。

第九章

你希望孩子受人尊重吗？——培养孩子的榜样力

根据马斯洛需求层次理论，人类的需求从低到高分别为生理需求、安全需求、爱和归属感需求、尊重需求和自我实现需求，其中尊重需求可分为内部尊重和外部尊重。内部尊重即自尊，是指一个人希望在各种不同情境中有实力、能胜任、充满信心、能独立自主。外部尊重是指一个人希望有地位、有威信，受到别人的尊重、信赖和高度评价。培养孩子的榜样力，能帮助其实现尊重需求，无论是内部尊重还是外部尊重。马斯洛认为，尊重需要得到满足，能使人对自己充满信心，对社会满腔热情，体会到自己活着的价值。

在认可与被认可中成为榜样

“天生我材必有用”，实际上，每个人身上都有值得他人学习的闪光点，每个人都有成为榜样的潜力，然而，有成为榜样的潜力，不代表一定能够成为榜样，其中的区别，就在于榜样力。

榜样力就是成为榜样的能力，其本质就是一种认可，认可他人，同时被他人认可。

孩子的认可有两个阶段。

第一个阶段是追求榜样的阶段。孩子认可他人，以他人为榜样，向榜样看齐。在认可与学习的过程中逐渐清楚怎样的品质是值得他人认可的、什么样的人有资格成为他人的榜样。向榜样看齐是成为榜样的前提，也是成为榜样的动力。

第二个阶段就是努力成为榜样的阶段。实际上，将认可的过程划分为两个阶段并不是最科学的，因为这两个阶段很可能是同时发生的。在确认了自己的榜样的同时，孩子自然而然希望成为相同的榜样。在这个阶段，孩子最需要的就是认可，而最容易获取的认可就是父母的认可，这也是最重要的认可，因为绝大多数情况下，父母就是孩子最初的榜样，还有什么能比自己榜样的认可更能带给孩子力量呢？

懂得树立自己的榜样，又能获得榜样的认可；拥有成为榜样的力量，又有成为榜样的信心。这就是榜样力的根本。

《史记》由西汉太史令司马迁写就，是中国历史上第一部纪传体通史。司马迁的父亲司马谈也是太史令，一生立志撰写通史，《史记》中有不少资料和观点就是出自司马谈。作为史官，司马谈恪守原则，对历史的记录与考证极为认真负责。公元前110年，司马谈染病离世，去世之前，还念念不忘地要司马迁写好这一部史书。

司马迁崇拜父亲，也立志修缮史书，父亲将编撰通史的重任交托给他，无疑是对他最好的认可。司马谈去世后，司马迁子承父业，任太史令，开始着手准备撰写《史记》。后来司马迁因为为兵败的李陵说话被下狱，他选择承受宫刑而偷生，宁愿承担身体上的伤痛和精神上的奇耻大辱，也要坚持完成《史记》的创作。虽然司马迁

在《报任少卿书》中说是想到文王、孔子等人的事迹，
但其中必然还有其父责任心的影响。

其实，无论是司马谈还是文王、孔子这些先贤，都是司马迁追求与模仿的对象，是他认可的榜样，这种认可给他带来了追求的动力。同时，作为榜样的父亲也认可了司马迁的能力，托付重任于他，更给了司马迁成功的信心。正是这种认可与被认可带来的力量与信心，使得司马迁不仅克服重重困难，作出《史记》传世，其坚韧不拔的品质更成为后世史官乃至世人的榜样。

在认可中获取动力

要培养孩子的榜样力，首先需要了解的就是榜样的意义。对于孩子而言，人生当中第一个也是最重要的榜样就是自己的父母。可以说，成功的父母榜样不仅是孩子成长的奠基石，也是未来榜样力量的源泉。简单来说，父母如何成为孩子的榜样，孩子就如何成为他人的榜样。与书本上或者荧幕里的榜样不同，父母作为最近、最真实的榜样，其作用无可替代，但也正因为最近最真实，一旦有缺点，暴露得也就最迅速、最彻底。

那么，怎么样才能成为孩子的榜样就成了父母需要思考的问题。

几年前，有个熟人找我讲述她的郁闷：她的女儿上初三，正在准备中考，学习比较紧张，所以晚上还要在学校参加晚自习。她担心女儿回家路上的安全，于是在女儿下课之前就会到学校门口接她。没想到那天女儿竟然跟她说："妈，以后你接我不要到学校门口来，你就在马路对面等我就好，下课后我会过去找你的。"她开始很不解，就一个劲地追问女儿原因。女儿被问急了，就说了一句："我不想让我的同学见到你。"她当时听了这话之后非常难过，她觉得女儿在嫌弃她。过了一段时间，女儿竟然在她的房门上贴了一个字条，上面写着"请不要打扰我！"作为妈妈，她很受伤，她想不明白为什么自己恨不得把心都掏出来给女儿，女儿却如此对她。

虽然我理解这位妈妈的心情，但我也能明白她女儿的行为背后的动机。

每一个孩子都希望父母出现在同学面前的时候可以让自己在同学面前倍感骄傲，如果不能成为孩子的骄傲，那么至少父母的出现不能让他觉得没有面子。很多父母不了解这一点，在公众场合出现的时候，完全不顾个人形象，从衣着打扮到言谈举止都非常随意，导致孩子觉得父母的出现是一件让他觉得没有面子甚至难堪的事，孩子自然就不希望父母出现在他的同学面前。

青春期的孩子都喜欢有自己的空间，跟孩子相处和沟通的时候要了解孩子这个年龄段的心理特质，少说多听。可是这位妈妈却喜欢喋喋不休，当孩子没有办法静下心来复习功课，甚至厌倦了她的沟通方式时，她在门上贴上字条也就是情理之中的事了。其实，我们虽然提倡“子不嫌母丑”的观念，但事实上远没有这么理想，对于孩子而言，榜样就应该是完美无瑕的，孩子以父母为最初的榜样，自然有不同寻常的期望。这正是为孩子树立前进方向的大好时机。可悲的是，这个妈妈看不到这一点，反倒继续以一个受害者的身份去抱怨。

孩子原本跟母亲是一体的，出生之后也是吃着母乳长大的，母亲是孩子出生后第一个重要的关系客体，孩子与生俱来就有一份跟母亲的连接，这是母亲作为孩子的榜样的先天优势。母亲应当善用这种优势，但不能只依仗这种优势，因为作为榜样是有条件的。

在陪伴孩子成长的过程中，父母如果能够时时检视自己，修正自己的行为，不断地让自己成长，让孩子一直以你为荣，那么，你就会成为孩子人生的榜样。

儿子上小学三年级的时候，有一次开家长会，班主任拿出了孩子们刚刚写完的一篇作文发给家长。文章的题目是“爸爸妈妈我想对你说……”。在把文章发下来之前，班主任用比较凝重的语气跟家长们说：“我要求孩子们写这篇作文的时候跟他们说了不会把这篇文章给你们看，但是作文写好之后，我看了有很大的触动，所以今晚把大家召集到学校来，就是要让大家好好读一下，然后谈一谈你们的感受。看完之后，我希望大家能够做到回去不要让孩子知道你们看了这篇作文，无论你的孩子在作文里对你说了什么，可以吗？”家长们同意后，收到了自己孩子的作文。

没多久，此起彼伏的啜泣声就响起来了，很多家长都看哭了。每个孩子都用最真实的心声，对父母说着平日里他们不敢说的话。这些真实的声音，也真切地触动了父母们的心。

在作文中，有的孩子问爸爸：“为什么每次考试成绩不到95分就要打我？你知道我有多害怕你的巴掌吗？”有的孩子说：“妈妈，为什么你每天下班回家就可以打麻将，而我写完作业之后还要弹钢琴还要练舞蹈？我很累，我真的很不喜欢这样。”有的孩子说：“妈妈，你每天检查我作业时的眼神让我害怕，我总觉得自己像一个犯人。”有的孩子对爸爸妈妈说：“爸爸妈妈，你们每一次吵架我都很害怕，我总是担心你们哪一天离婚谁都不要我了，我就会成为街头上没有人管的孩子。我没有办法安心听老师讲课，所以每次考试成绩都不好。”……

全班 40 多个同学里面，只有三个同学在作文中是认可并感谢自己的父母的，我的儿子就是其中的一个。

这场家长会已经过去了十几年，但每每想起来，我都很有感触。如果父母无法被孩子认可而成为他的榜样，失去了这个最近、最真实的榜样形象，孩子该如何在心目中确立榜样的形象呢？该以怎样的榜样形象为追求目标？又该从哪里获取成为榜样的动力呢？

在被认可中获取信心

在孩子年幼的时候成为孩子的榜样，这对许多父母来说都不是一件太难的事，这是由孩子的生命力状态决定的。年幼的孩子需要得到父母更多的照顾，孩子对父母也会形成一种本能的依赖。但是随着孩子一天天长大，要想一直得到孩子的认可，就需要父母有一份高度的觉知，还要有不断调整自己、提升自己的能力。

> 我在儿子去美国读书之后就开始学英语，因为上学的时候基础太差，几乎是从头开始。我报了网络学习班，几年下来不间断地在学习。皇天不负有心人，我从开始的二级学到了现在的八级。在这过程中，很多人都劝我说年龄大了学英语太费神，出国的时候配备一个翻译神器就够了，没

必要花这么大的力气。可是我觉得学好英语虽然不容易，却很有必要。且不说以后到世界各地去旅游的时候英语很重要，就说如今，儿子到美国求学已经十年，他的生活里已经有很多东西是需要用英语来表达的。将来他的朋友、他的工作和生活自然也少不了使用英语。我希望自己无论年纪多大，跟儿子都不要有太大的距离，至少我不希望距离他的精神世界太遥远。再说，如果能在自己晚年的时候掌握一门外语，我觉得也是一件很不错的事。

在这过程当中，儿子给了我很多的支持，他的鼓励和认可，也是我的动力。2019 年我跟先生去美国看望儿子，儿子因为工作的原因不能全程陪伴，专门给我们安排了到纽约去旅游的行程。到了纽约的时候有人接机，但是从洛杉矶到纽约需要在芝加哥中转，中转时需要找登机口，需要确定登机时间（因为美国有四个时区，时间的换算比较麻烦）。我的英语虽然不是很流畅，但是也帮了大忙。先生说，到了美国只能寸步不离地跟着我，走哪都得依赖我的这点英语。这让我觉得这些年学习英语特别有价值。

几年的学习和累积，不仅让我尝到了学习的甜头和乐趣，而且感受到了一种学习的状态和生命能量的提升。

然而，值得注意的是，保持父母的榜样地位并不是最重要的，更重要的是承认孩子的榜样地位。随着孩子一天天成长，他的能力等各方面都在不断发展。“青出于蓝而胜于蓝”，一个优秀的孩子终有超越父母的一天。这种超越是具有重大意义的。在精神分析理论中，男孩在 3 到 6 岁时，会经常与父亲玩对抗类的游戏，想要在游戏中战胜父亲。这种战胜关系到孩子自信的形成。承认孩子的榜样地位也具有类似的意义。如果说孩子对父母的认可是为孩子成为榜样提供了力量与方向，那么父母对孩子的认可就是为孩子提供了信心与勇气。

在美国期间，我感受到了美国的文化，更感受到了儿子一个人为了继续完成学业在这边工作的不容易。大学毕业之前，他已经被全球著名的四大会计师事务所之一——安永会计师事务所录用。大学毕业之后就开始在那里工作，一边工作，一边备考国际注册会计师和国际金融分析师资格证。他在毕业的当年已经通过了国际注册会计师的考试，拿到了证书。国际金融分析师的考试是一年考一科，因为疫情的耽搁，现在还有最后一科没有考完。

在安永工作三年之后，儿子去了另一家做投资并购的公司。当时要进这家公司非常难，即便有再高的学历背景，再专业的职业技能，也难逃碰壁的结果。儿子之所以能被录取，是因为他在做志愿者的时候认识的一位朋友起到了至关重要的作用。他们认识的时候，他还不知这位普通的朋友多年后能做他事业上的引路人。这位朋友，竟是这家投资并购公司的高层，通过他的引荐，儿子凭借自身实力成功被录取。

我经常跟儿子说：这就是做慈善最大的回报。在做慈善的圈子里有很多高能量的人。你帮助的人越多，就会有越多的人在你生命中的某一刻出现来帮助你，这是生命能量的一种流动。

我和先生在美国的时候，儿子邀请我们去参观他工作的地方。我们挑了一个周末的晚上过去，以免影响别人的工作。我们走进办公楼的时候遇见了大厦的几个保安，他们都跟我儿子打招呼。我就问儿子："你跟这些保安都熟悉吧？"儿子笑笑说："无所谓熟不熟悉，因为这栋办公楼里每天最后一个下班的人一定是我，所以他们也都认得我了。"

那一刻，我内心被触动了，儿子所取得的每一个成果，都是他用别人看不见的努力换取的。他这种不断追求成长和超越的精神，不仅令我感动，也无形中感染着我。在自律、努力和对人生的探索精神上，儿子已经在不知不觉中成为我的榜样。当他成为我的榜样的那一刻，我知道，我的认可和他的能力已经足以让他成为更多人的榜样，去实现更多的价值。

小玲贴士

孩子从认可榜样开始，学会成为榜样。

要成为孩子的榜样，父母在成长道路上也要永不停歇。

成为榜样需要认可，对孩子来说，父母的认可是最容易获取，也是最重要的认可。父母不要吝于对孩子表达认可。